Freies Preußen

Verfassung

„Die Zukunft hat viele Namen;

für die Schwachen ist sie die
Unerreichbare,

für die Furchtsamen ist sie die
Unbekannte,

für die Tapferen ist sie die
Chance.“

Freiherr H. von Bugenhagen

Freies Preußen

Stand:
01. Januar 2024
zuletzt geändert am:
12. Februar 2024
verkündet durch das
Reichsgesetzblatt Jahrgang 2024 Nr. 3
„5. Gesetz zur Änderung der Verfassung“
2. überarbeitete Auflage – 2024

Lizenzausgabe von H.von Bugenhagen

Publishing

www.H.von Bugenhagen.com
ISBN xxxxxxxxxxxxx

Vorwort
(von Freiherr H.von Bugenhagen)

Abschnitt IV
Die Ausgestaltung der staatlichen Organe und Einrichtungen des öffentlichen Lebens- Rechte der Zugehörigen

Artikel 59 – 74

Abschnitt V
Die Wehrverfassung

Artikel 75 – 77

Abschnitt VI
Die Geld-, Währungs- und Finanzverfassung

Artikel 78 – 79

Abschnitt VII
Änderung der Verfassung

Artikel 80

Abschnitt VIII
Neugliederung des Staatsgebietes, Verkehrswege, Notstandsregelungen

Artikel 81 – 85

Abschnitt IX
Übergangs- und Schlußbestimmungen

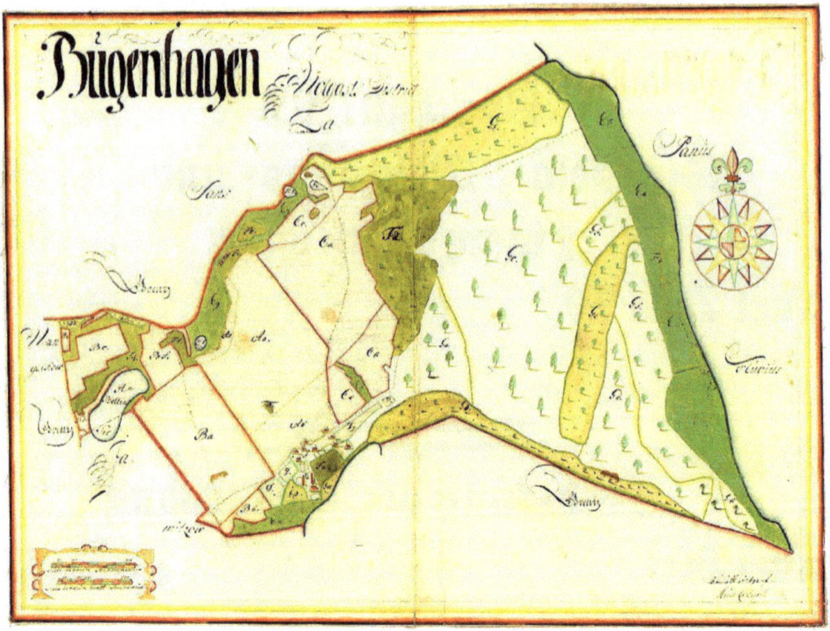

Bisherige Verfassungsänderungen

1. Gesetz zur Verfassungsänderung ....

2. Gesetz zur Verfassungsänderung ....

3. Gesetz zur Verfassungsänderung ....

4. Gesetz zur Verfassungsänderung ....

5. Gesetz zur Verfassungsänderung ....

Anhang

Vorwort

Das Freie Preußen ist eine Chance auf Erneuerung. Es ist für Uns eine Möglichkeit, schon jetzt im Kleinen zu zeigen, wie die Gemeinschaft der Zukunft organisiert sein wird. Die Verfassung des Freien Preußen - Deutschland ist Garant dafür, daß der Staat so wenig wie möglich und nur so viel wie nötig zu spüren ist. Der Staat ‚Freies Preußen-Deutschland' ist dabei lediglich ein Werkzeug zur Organisation und Finanzierung des Gemeinwesens. Wir möchten damit auch aufzeigen, wie umfassende Veränderungen der menschlichen Gemeinschaft bewirkt werden können, ohne daß jemand etwas dabei verliert. Wir möchten zeigen, wie bedingungslose Liebe arbeitet.

Möchten einen Weg anbieten ohne Uns aufzudrängen, möchten vorleben was Angstfreiheit und Vertrauen schafft, was eine konsequent dienende Haltung und Hingabe erreicht ohne mit dem Ego etwas erreichen zu wollen.
Das Staatsoberhaupt hat die Aufgabe,die Freiheitsrechte des Einzelnen zu garantieren, die Verfassung zu schützen, Korruption zu verunmöglichen und den
Staat völkerrechtlich zu vertreten. Zudem kann das Oberhaupt jede Rechtsverletzung eines Organs des Staates aufheben und den rechtmäßigen Zustand
wieder herstellen. Das Staatsoberhaupt ist Garant der Rechtsordnung. Der Staat „Freies Preußen - Deutschland“ ist ein Spielfeld, in dem jeder Mensch in seine Kraft kommen und seine Aufgabe finden kann.

Er wird von selbstverantwortlichen Menschen ausgestaltet, die echtes Interesse an anderen Menschen und ihrer Persönlichkeitsentfaltung haben. Die Gestalter Unseres neuen Staates sollten sich als Diener am Anderen begreifen und die Erkenntnis leben können, daß der Andere Spiegel des eigenen Lebensausdrucks und Chance zur eigenen Selbst-Entwicklung ist. Es geht im Freien Preußen Deutschland in erster Linie immer um den Menschen.Dabei ist der Staat ein Werkzeug zur Organisation und Finanzierung des Gemeinwesens und kein Herrschaftsinstrument. Er soll das Glück des Individuums fördern.Dauerhaftes Glück zu ermöglichen bedeutet aber nicht „eine Hängematte aufspannen“. Es bedeutet, ein Entwicklungsspielfeld aufzubauen,welches sich an den Schöpfungsgesetzen ausrichtet und diese widerspiegelt.

Dies bedeutet für Uns, die beständige Weiterentwicklung des Menschen und der Menschheit zu begünstigen. Das Leben ist Veränderung und das hat für Uns Beständigkeit. Erst nachdem wir gemeinsam zinsbehaftete Geldsysteme abgeschafft und durch zinsfreie Systeme ersetzt haben, können wir kollektiv lernen, daß es in einer noch fortschrittlicheren Welt gar kein Geld mehr braucht. Dazu braucht es dann FREIWILLIGE Leistungsbereitschaft eines jeden Menschen und Maßhaltigkeit bei gleichzeitiger Wertschätzung der Lebensgrundlage und jeglichen Seins. Erst wenn Gier und die dahinterstehenden Ängste abgeschafft sind, braucht es gar kein Geld mehr.Deshalb ist das Freie Preußen Deutschland eine entwicklungsfördernde Gemeinschaft.

die nicht bei dem jeweils Erreichten aufhört, sondern Erfolge feiert und beständig weitergeht bis das Ziel einer Wertegemeinschaft nach den Schöpfungsgesetzen erreicht ist und die sich auch dann in eine noch freiheitlichere Gemeinschaft göttlicher Menschen fortentwickelt.
Die Gemeinden, Regionen und die Bezirke sind von unten nach oben organisiert, um ein Eingreifen des Staates in die alltäglichen regionalen Belange
auszuschließen. Der Staat übt von oben nach unten lediglich seine Aufsichtsfunktion aus um die Rechtsordnung für den Einzelnen garantieren zu können.
Eine Einflußnahme auf regionale Belange ist im Freien Preußen Deutschland unerwünscht und auch nahezu unmöglich.

Denn es gibt das Subsidiaritätsprinzip. Dieses Prinzip besagt, daß hoheitliche Tätigkeit von der kleinsten Einheit geleistet werden soll, die dazu in der Lage ist. Dieses Prinzip kann im Freies Preußen Deutschland auch nicht durch finanzielle Abhängigkeiten umgangen oder ausgehebelt werden, wie dies heute in der Bundesrepublik und der Europäischen Union geschieht, denn die Regionen haben die verfassungsmäßig verankerte Möglichkeit der eigenen Geldschöpfung, können eigene regionale Betriebe schaffen und auch so immer ihre finanzielle Unabhängigkeit wahren.
Das Freie Preußen ist ein Spiegel der Schöpfungsordnung und deshalb wird es sich durchsetzen und Bestand haben, daran besteht für Uns kein Zweifel. Es wird sich beständig ausweiten und das Tempo bestimmt die Menschheit selbst.

Je mehr Menschen zur Erkenntnis kommen, daß dieses hohe Ziel mit diesem Werkzeug erreicht werden kann, desto leichter wird der Weg in die Freiheit.
Je mehr Menschen selbst die Verantwortung übernehmen und sich als Mitgestalter dieser Zukunft begreifen, desto schneller ist diese Freiheit erreicht. Es wird eine Freiheit von vielen Ängsten sein, eine Freiheit von den Mächten der Dunkelheit.
Die Zeit des Wandels ist gekommen - JETZT. Seien Sie Teil dieses Wandels und gestalten Sie ihn bewußt mit. Sie werden gebraucht.
Möge die Menschheit dies als ein Angebot zu dauerhaftem Frieden annehmen. Wir werden Unser Bestes geben, um diese Ordnung in die ganze Welt zu tragen.

Freiherr H von Bugenhagen

Freiherr H. von Bugenhagen

Oberster Souverän

Präambel

Wir, Freier Souverän und Treuhänder des neuen Reiches, den Boden bereitend für den zukünftig zu wählenden Oberster Souverän von Gottes Gnaden, den Oberster Souverän von Deutschland, im Bewußtsein unserer Verantwortung vor dem Schöpfer allen Seins und den Menschen, eingebettet in die ewig gültigen Schöpfungsgesetze, beflügelt von dem Willen, der Freiheit, dem Frieden und dem Fortschritt in der Welt zu dienen, sich begreifend als Diener an Gott und allen Menschen, uns verpflichtend mit dieser Verfassung zu Respekt gegenüber der gesamten Schöpfung, zu den unveräußerlichen Menschenrechten, zur Völkerverständigung und zum Frieden, bestimmen und verkünden, was folgt:

Grundsätzliches

Hinweis zur Rechtschreibung:

Im gesamten Verfassungstext wird die „alte Rechtschreibung“ verwendet, um dem Verfall der deutschen Sprache entgegenzuwirken und eine möglichst ursprüngliche Form der natürlichen Sprachentwicklung weiterzuführen.Männliche Bezeichnungen in dieser Verfassung beziehen sich auf beide Geschlechter gleichermaßen.Zum besseren Verständnis der nachfolgend niedergeschriebenen Verfassungsartikel ist im Weltnetz das Seminar zur Staatsangehörigkeit als Videoreihe kostenlos einsehbar, in welchem die zugrundeliegenden Gedanken ausgeführt sind und auch die entsprechenden Formulierungen inhaltlich und sprachlich begründet werden:

F-Preußen-RuStAG-Seminar

Alle Gesetze des Freien Preußen Deutschland werden im Reichsgesetzblatt veröffentlicht, das zu finden ist unter:

WWW.Freiherr H von Bugenhagen. De

Freies Preußen

Freiherr H.von Bugenhagen

Abschnitt I:

Der Staat

Der Staat

Art. 1

Staatsbezeichnung

Das neue Deutschland führt als Staat die Bezeichnung:
Freies Preußen Deutschland.

Art. 2

Staatsflagge

Die Staatsflagge des Freien Preußen Deutschland ist von oben nach unten SCHWARZ -WEIß-SCHWARZ mit dem Ritter Wappen von Bugenhagen . Die Staatsflagge ist mittels Gesetz kundzutun.

Art. 3

Staatsform

(1) Das Freie Preußen Deutschland ist eine neue Staatsform.

Es vereint die Formen einer direkten aufsteigenden Demokratie in der Organisationsform
einer Räterepublik mit einer konstitutionellen Wahlmonarchie.

(2) Das Freie Preußen Deutschland ist eine vom deutschen Volk und den deutschen Bürgern legitimierte konstitutionelle Wahl-Vereinigung.

A rt. 4

Änderung der Grenzen

(1) Änderungen und/oder Erweiterungen der Grenzen des Staatsgebietes werden in einem Beitrittsblatt des Freien Preußen Deutschland unmittelbar nach dem rechtswirksamen Beitritt veröffentlicht.

(2) Grenzänderungen zwischen Gemeinden, die Schaffung neuer und die Zusammen legung bestehender Gemeinden bedürfen eines Mehrheitsbeschlusses der dort ansässigen wahlberechtigten Staatsangehörigen.

A rt. 5

Titel

(1) Das Oberhaupt des Staates trägt den Titel: Freiherr von Preußen- Deutschland.
(2) Der Freiherr von Preußen als Staatsoberhaupt übt sein Recht an der Staatsgewalt in Gemäßheit der Bestimmungen dieser Verfassung und der übrigen Gesetze aus.

A rt. 6

Hauptstadt

(1) Der Freiherr von Preußen hat seinen Hauptsitz in der Hauptstadt des Freien Preußen.
(2) Die Hauptstadt kann vom Freiherr von Preußen, vom Präsidenten des Staatsrates, vom Staatsrat oder durch Bürgerentscheid jederzeit an einen anderen Ort verlegt werden. Der Freiherr von Preußen hat ein Vetorecht.

A rt. 7

Staatsgewalt

(1) Alle Staatsgewalt ist im Freiherr von Preußen und in dem Demos verankert und wird nach Maßgabe der Bestimmungen dieser Verfassung ausgeübt.

(2) Der Freiherr von Preußen ernennt einen Minister aus dem Staatsrat zu seinem Stellvertreter. Bis zur Bildung des Staatsrates kann der Freiherr von Preußen einen von ihm Bevollmächtigten mit der Vertretung beauftragen.

A rt. 8

Wahl des Freiherrn von Preußen

(1) Der erste Freiherrn von Preußen wird aus dem Kreise des Staatsrates oder der Bezirksräte auf Vorschlag des Obersten Souveräns von den wahlberechtigten Bürgern ohne Aussprache direkt gewählt.

(2) Wählbar zum Freiherrn von Preußen ist jeder Deutsche, der dem Stande der Deme angehört und das vierzigste Lebensjahr vollendet hat.

(3) Zum Freiherrn von Preußen kann nur gewählt werden, wer eine fundierte Ausbildung in den Bereichen Recht, Finanzen, Wirtschaft, Verwaltung, Ethik, Kommunikation und Geisteswissenschaften nach neuem deutschen Bildungsstandard abgeschlossen hat.

(4) Der Freiherrn von Preußen wird auf Lebenszeit gewählt. Er hat sein Wirken dem Wohle
des deutschen Volkes zu widmen, nach besten Kräften Schaden von ihm abzuwenden und sein Glück zu mehren.

Art. 9 Nachfolge

(1) Der Freiherrn von Preußen schlägt seinen Nachfolger und den Zeitpunkt seiner Nachfolge vor. Er kann seinen Nachfolger jederzeit bestimmen.

(2) Der Nachfolger des Freiherrn von Preußen trägt bis zu seiner Wahl den Titel Freiherr-Kandidat Der Nachfolger soll rechtzeitig in die Amtsgeschäfte des Freiherrn von Preußen eingeführt werden.

(3) Jeder Nachfolger wird noch vor Empfangnahme der Freiherrn Würde unter Bezug auf die Preußichen Ehren und Würden in einer Urkunde aussprechen und beeiden, daß er das Freie Preußen Deutschland in Gemäßheit der Verfassung und der übrigen Gesetze regieren, seine Integrität erhalten und die Preußichen Rechte und Pflichten unzertrennlich und in gleicher Weise beachten wird

Art. 10

Aufgabe des Freiherrn von Preußen

(1) Der Freiherrn von Preußen ist Garant für die Verfassung und an diese gebunden.

(2) Der Freiherrn von Preußen untersteht während seiner Amtszeit nicht der Gerichtsbarkeit. Dasselbe gilt für jedes vom Freiherrn von Preußen ernannte Mitglied der Regierung, das für den Freiherrn von Preußen die Funktion des Staatsoberhauptes ausübt.

(3) Mit dem Inkrafttreten dieser Verfassung hat der Freiherrn von Preußen die Befugnis,jede Verfassungs- und Rechtsverletzung eines staatlichen Organs

oder eines Amtsträgers per Anordnung aufzuheben, und im Falle der Aufhebung die Pflicht, alles Erforderliche zu tun, um den rechtmäßigen Zustand wieder-herzustellen. Zudem hat er das Recht, selbst eigene Gesetzentwürfe in den Staatsrat einzubringen. Zur Wirksamkeit auch dieser Gesetze ist die Annahme des Gesetzes durch eine Abstimmung der Wahlberechtigten erforderlich.

(4) Mit der Aufnahme der Tätigkeit des Staatsrates tritt der Freiherrn von Preußen in den Bereichen in seinen Rechten, Befugnissen und Aufgaben zurück, die dem Staatsrat und anderen Organen mit dieser Verfassung übertragen sind. Der Freiherrn von Preußen übt dann vorrangig eine repräsentative und beratende Funktion aus.

Art. 11

Vertretungsrechte des Freiherrn von Preußen

(1) Der Freiherrn von Preußen vertritt den Staat in allen seinen Verhältnissen gegenüber auswärtigen Staaten.

(2) Staatsverträge, durch die ein Staatsgebiet dem Freien Preußen hinzutritt oder abtritt oder Staatseigentum veräußert, über Staatshoheitsrechte oder über Staatsregale verfügt, eine neue Staatslast auf- oder übernimmt oder eine Verpflichtung, die in die Rechte und in die Freiheit der Staatsangehörigen eingreifen würde, bedürfen zu ihrer Gültigkeit der Zustimmung des Staatsrates. Der Freiherrn von Preußen hat bei Staatsverträgen ein Vetorecht und das Recht zur Kassation.

A rt. 12

Geltung von Gesetzen, Begnadigung

(1) Jedes Gesetz bedarf zu seiner Gültigkeit der Zustimmung des Freiherrn.

(2) Dem Freiherrn steht das Recht der Begnadigung, der Milderung und Umwandlung rechtskräftig zuerkannter Strafen und der Niederschlagung eingeleiteter Untersuchungen zu.

(3) Zugunsten eines wegen seiner Amtshandlungen verurteilten Mitgliedes der Regierung übt der Freiherrn das Recht der Begnadigung oder Strafmilderung nur mit Zustimmung des Freiherrn rates aus.

A rt. 13

Verlust der Freiherren Stellung

(1) Der Freiherr kann seinen Stand aufgrund eigener grober Verstöße gegen diese Verfassung oder gegen die Strafgesetze verlieren oder wenn er auf längere Zeit körperlich, emotional oder mental nicht mehr in der Lage ist,diese Tätigkeit angemessen auszuüben.

(2) Für die Einleitung eines Amtsenthebungsverfahrens der Person des Freiherrn ist zunächst ein Amtsenthebungsantrag erforderlich, der von mindestens 51 vom Hundert der Mitglieder des Staatsrates mit Vor- und Familiennamen unterzeichnet sein muß. Die wahlberechtigten Bürger des Freiherrn von Preußen - Deutschland haben dann unverzüglich über eine Amtsenthebung zu entscheiden.

Die Amtsenthebung wird wirksam, wenn mindestens 51 vom Hundert der Wahlberechtigten dem Amtsenthebungsantrag zustimmen.

A rt. 14

Präsident

Ist kein Oberster Souverän gewählt oder im Falle des Todes des Souverän oder des Amtsenthebungsverfahrens oder der Unmöglichkeit der Weiterführung der kö - niglichen Ämter ist der Staatsrat die oberste Institution des Freien Preußen..
In diesem Falle bestimmt der Staatsrat aus seinen Reihen den obersten Amtsträger und den Repräsentanten des Freien Preußen. Deutschland. Dieser trägt den Titel Präsident und übt die Aufgaben des Souverän aus.

Die Zeit der Präsidentschaft ist auf 2 Jahre begrenzt. In dieser Zeit ist ein neuer Souverän zu wählen. Wurde kein Souverän gewählt, hat der Präsident die Souverän Würde zu übernehmen. Näheres regelt ein Gesetz

A rt. 15

Der Staat als Ausdruck der Schöpfungsordnung

(1) Das Freie Preußen Deutschland ist eine Staatsform, die sich an den ewig gültigen Schöpfungsgesetzen ausrichtet und ihr Staatswesen in dieser Form zum Ausdruck bringt.

(2) Die Verfassung und die Rechte der Deme, der Bürger und Staatsangehörigen werden durch den Souverän und die Räte in Verbindung mit den deutschen Beamten geschützt.

Art. 16

Der Staatals Garant der Schöpfungsordnung

(1) Die oberste Aufgabe des Staates ist die Förderung der gesamten Volks-wohlfahrt. In diesem Sinne sorgt der Staat für die Schaffung und Wahrung des Rechtes und für den Schutz der religiösen, sittlichen und wirtschaftlichen Interessen des deutschen Volkes.

(2) Der Staat als Willenswerkzeug der Bürger hat darauf hinzuwirken, jedem Menschen ein größtmögliches Maß an Glück, Selbstbestimmung, Freiheit, Gesundheit, Bildung und Persönlichkeitsentwicklung zu ermöglichen.

(3) Das Freie Preußen Deutschland soll den innerhalb seiner Grenzen lebenden Menschen dazu dienen.

in Freiheit, Frieden und Glück miteinander leben zu können und unterstützend darauf hinwirken, das Leben der Menschen an der ewig gültigen Schöpfungsordnung auszurichten.

A rt. 17

Amtssprache

Die deutsche Sprache ist Staats- und Amtssprache und steht unter dem besonderen Schutz dieser Verfassung. Dies berechtigt den Souverän , alle erforderlichen Maßnahmen zum Schutze der Muttersprache der Deutschen zu ergreifen.

A rt. 18

Bildungswesen

(1) Der Staat wendet seine besondere Sorgfalt dem Erziehungs- und Schulwesen zu.

(2) Es besteht eine allgemeine Bildungspflicht. Das gesamte Erziehungs- und Schulwesen steht unter staatlicher Aufsicht. Der Staat sorgt dafür, daß der Unterricht in den Elementarfächern in öffentlichen Schulen unentgeltlich erteilt wird. Der Religionsunterricht kann auch durch kirchliche Organe erteilt werden.

(3) Der Privatunterricht ist zulässig, sofern er den gesetzlichen Bestimmungen über die Lehrziele und die Einrichtungen in den öffentlichen Schulen entspricht.

(4) Der Staat ermöglicht unbemittelten, gut veranlagten Schülern den Besuch höherer Schulen.

A rt. 19

Gesundheit

(1) Die Volksgesundheit ist ein hohes Gut und steht unter dem besonderen Schutz dieser Verfassung. Der Staat wirkt auf ihre Erhaltung und Verbesserung in allen Bereichen hin.

(2) Das gesamte Gesundheitswesen steht unter der Aufsicht des Staates. Es gibt nur eine staatliche Gesundheitsfürsorge. Erwirtschaftete Überschüsse werden in den staatlichen Haushalt eingestellt.

(3) Der Staat hat darauf hinzuwirken, daß jeder Deutsche die Möglichkeit hat, seine Gesundheit selbst zu erhalten, wiederherzustellen oder zu verbessern. Er hat durch sein Bildungs- und Gesundheitswesen darauf hinzuwirken, daß jeder Mensch seine Eigenverantwortung erkennen und selbst aktiv an seiner Gesundheit arbeiten kann.

Der Staat hat dabei allen Menschen durch entsprechende Bildungsangebote und andere Formen der Aufklärung zu helfen.

(4) Produkte, die die Gesundheit beeinträchtigen oder zu beeinträchtigen geeignet sind, können mit Steuern belegt werden

(5)

A rt. 20

Schutz der Erwerbsfähigkeit

(1) Der Staat schützt das Recht auf Arbeit und die Arbeitskraft.

(2) Der Sonntag und die staatlich anerkannten Feiertage sind, unbeschadet gesetzlicher Regelung der Sonn- und Feiertagsruhe, öffentliche Ruhetage. Die Feiertage sind mittels Gesetz kundzutun.

A rt. 21

Schutz autarker Versorgung

(1) Zur Hebung der Erwerbsfähigkeit und zur Sicherung und Pflege seiner wirtschaftlichen Interessen fördert und unterstützt der Staat die Schaffung von staatlichen Betrieben, die Landwirtschaft, Gewerbe und Industrie.
(2) Die Schaffung und Aufrechterhaltung autarker und regionaler Lebensgrundlagen unterliegt der besonderen Sorgfalt des Staates.

A rt. 22

Die Verkehrswege

(1) Der Staat wendet seine besondere Aufmerksamkeit einer den modernen Bedürfnissen entsprechenden Ausgestaltung des Verkehrswesens zu.
(2) Dem Staate steht das Hoheitsrecht über die Gewässer zu.

Die Benutzung, Leitung und Abwehr der Gewässer soll auf gesetzlichem Wege unter Bedachtnahme auf die Entwicklung der Technik und die Erhaltung der natürlichen Lebensgrundlagen geregelt und gefördert werden.

A rt. 23

Hoheit über natürliche Ressourcen

Der Staat übt die Hoheit über Jagd, Fischerei, Holzwirtschaft und Bergwesen aus und schützt bei Erlassung der diesbezüglichen Gesetze die Interessen der Landwirtschaft, der Tier- und Pflanzenwelt und der Erde.

A rt. 24

Gerechte Verfahrensführung

(1) Der Staat sorgt für ein rasches und gerechtes Prozeß- und Vollstreckungsverfahren, ebenso für eine den gleichen Grundsätzen angepaßte Rechtspflege.

(2) Die berufsmäßige Ausübung der Parteienvertretung ist gesetzlich zu regeln.

A rt. 25

Schutz der natürlichen Lebensgrundlagen

(1) Die Erde als eigenständiger lebendiger Organismus ist die natürliche Lebensgrundlage alles Lebendigen. Sie zu schützen ist eine der vordringlichsten Aufgaben des Staates. Der Staat erklärt sich verpflichtet, dieses bewußte Geschöpf zu achten, zu schützen und es als eigenständige juristische Person mit dem Recht auf Leben, körperliche Unversehrtheit und Gesundheit zu behandeln.

Die Erde genießt umfassenden Schutz durch dieseVerfassung.
(2) Ihre natürlichen Ressourcen sind gemeinschaftliches Gut. Es ist nieman-dem gestattet, sich natürliche Ressourcen des Staates anzueignen.
(3) Grund und Boden, Bodenschätze, Wasser, Holz und andere natürliche Ressourcen können nur in solchen Mengen privates Eigentum sein, die den persönlichen Eigenbedarf decken.
(4) Alle technologischen Verfahren und Handlungsweisen, die den Bestand, das Leben, die körperliche Unversehrtheit oder die Gesundheit der Erde, der Menschheit, der Tiere oder der Pflanzenwelt gefährden können, sind nur in Ausnahmefällen, nur mit Genehmigung und unter direkter Aufsicht des deutschen Staates gestattet und können mit Steuern belegt werden

A rt. 26

Schutz höherrangiger Rechte

(1) Das Naturrecht, das internationale Vertragsrecht und das Völkerrecht sind Bestandteile des deutschen Rechtes. Sie sind im Staate zu achten, wenn sie nicht im Widerspruch zu dieser Verfassung stehen. Im Falle ihrer Verletzung ist der Staat bemüht, diese Rechte auf angemessene Weise wiederherzustellen. Er kann sich dazu internationaler Organisationen bedienen.

(2) Völkerrechtliche, internationale oder andere staatliche Verträge oder Rechte, die durch ihre Anwendung oder Ausgestaltung Ausbeutung, Mißbrauch, Mißachtung der Menschlichkeit, Mißachtung der Rechte der Erde oder andere Mißstände ermöglichen, fördern oder zum Inhalt haben, sind unbeachtlich und nicht Bestandteil des deutschen Rechtes.

A rt. 27

Der Staatsrat

(1) Die Mitglieder des Staatsrates sind Abgesandte und die höchsten Vertreter der deutschen Bezirksräte.

(2) Sie sind Handlungsbevollmächtigte ihres Bezirkes, sind an die Beschlüsse ihrer Ratsversammlungen gebunden und vertreten mit ihrer Stimme ihren Bezirk.

(3) Ihre Ratsmitgliedschaft ist zeitlich nicht begrenzt. Sie ergibt sich aus der Wahl in ihrem Wahlkreis und den Nachfolgewahlen in den höheren Kreis- und Bezirksstrukturen und aufgrund ihrer Kompetenz, die sie in den Prüfungen für Ratsmitglieder nachzuweisen haben.

(4) Der Staatsrat schafft sich eine an seinen Aufgaben und am Umfang seiner Tätigkeit orientierte schlanke Verwaltung.

(5) Der Staatsrat entscheidet über Anträge auf Zulassung und Einführung regionaler Zahlungsmittel.

Art. 28

Auswärtige Beziehungen

(1) Die Pflege der Beziehungen zu auswärtigen Staaten ist Sache des Staatsrates, der sich dafür vorrangig des Souverän bedient. Der Souverän kann Bevollmächtigte ernennen, die ihn in Einzelfällen vertreten.
(2) Vor dem Abschluß eines Vertrages, der die besonderen Verhältnisse eines deutschen Gebietes berührt, ist der Rat des betroffenen Gebietes rechtzeitig zu hören

A rt. 29

Eigentumsverhältnisse der Staatsbetriebe

(1) Der Souverän ist bis zur Schaffung des Staatsrates der alleinige Betreiber und Eigentümer der Staatsbetriebe. Veräußerungen und Teilveräußerungen sind nicht zulässig, wenn dadurch die Eigenversorgung des deutschen Volkes nicht mehr gesichert ist oder die Qualität der Waren und Dienstleistungen des Staates sinkt.

(2) Der Souverän entscheidet vorrangig über die Mittelverwendung.

(3) Alle Überschüsse der Staatsbetriebe sind in den deutschen Staatshaushalt einzustellen und wiederum zur Förderung des Allgemeinwohls einzusetzen.

Ausnahmen können auf Antrag zugelassen werden, wenn die natürlichen Lebensgrundlagen geachtet und geschützt, die Persönlichkeitsrechte anderer nicht eingeschränkt und die Normen dieser Verfassung befolgt werden.

(4) Im Falle der Antragstellung einer Gemeinde oder Gebietskörperschaft kann der deutsche Staat einzelne Gesetzgebungskompetenzen, die nicht mehr zur örtlichen Gemeinschaft gehören, der Antrag stellenden Gebietskörperschaft übertragen, wenn dies nicht zur Zerstörung der öffentlichen Ordnung in anderen Gebietskörperschaften oder zu Mißständen führt.

Art. 30

Einbringung von Gesetzesvorlagen

(1) Gesetzesvorlagen werden beim Staatsrat durch die Staatsratsmitglieder selbst, durch den Souverän oder durch die Bezirksräte eingebracht.

(2) Der Staatsrat kann zur Entgegennahme und Bearbeitung von Gesetzesinitiativen Bevollmächtigte ernennen. Die Bevollmächtigten sind beauftragt, die Gesetzesvorlagen innerhalb von zwei Monaten zu prüfen, sie gegebenenfalls zu ändern und dem Staatsrat vorzulegen. Bei komplexen Gesetzesvorlagen kann auf Antrag der Bevollmächtigten an den Staatsratsvorsitzenden eine Fristverlängerung gewährt werden.

Art. 31

Gesetzgebungsverfahren

(1) Neue deutsche Gesetze werden vom Staatsrat beschlossen.
(2) Ein vom Staatsrat beschlossenes Gesetz kommt zustande, wenn mindestens zwei Drittel der Mitglieder des Staatsrates der Gesetzesvorlage zugestimmt haben und das Gesetz vom Souverän unterzeichnet wurde.
(3) Ein beschlossenes Gesetz ist nach seiner Annahme durch den Souverän unverzüglich umzusetzen.

A rt. 32

Zugang zu einem öffentlichen Amt

(1) Der Souverän schafft die zur Vollziehung und Durchführung der Gesetze erforderlichen Verwaltungseinrichtungen.

(2) Jedem Staatsbürger sind die öffentlichen Ämter unter Einhaltung der gesetzlichen Bestimmungen und seiner persönlichen Eignung gleich zugänglich.

(3) Der Staat fördert in seinem Volk die Annahmebereitschaft von Verantwortung und das Bestreben, sich Bürger- und Wahlrechte zu erarbeiten.

(4) Der Staat fördert bei seinen Bürgern die Bereitschaft, sich ehrenamtlich für das Gemeinwesen zu engagieren und zu einem öffentlichen Amt zugelassen zu werden

A rt. 33

Amtsträger

(1) Es wird ein Berufsbeamtentum im Staate geschaffen. Die Berufsbeamten sind die Amtsträger des Staates. Zur Umsetzung der Organisation und zur Durchsetzung dieser Verfassung bedient sich der deutsche Staat seiner Amtsträger.

(2) Die Amtsträger des Staates sind Diener der gesamten deutschen Völker.Sie haben die Rechte dieser Verfassung durchzusetzen, zu verteidigen und ihre Aufgaben gewissenhaft innerhalb der geltenden Gesetze zu erfüllen.

(3) Amtsträger im unteren und mittleren Dienst können durch den Gemeinderat oder durch eine übergeordnete Gebietskörperschaft eingesetzt werden. Sie können jederzeit berufen und bei Fehlhandlungen auch wieder abberufen werden. Sie müssen mindestens die Stufe 1 der neuen deutschen Verwaltungsprüfung bestanden haben.

(4) Amtsträger im gehobenen Dienst werden in der Regel direkt durch die örtliche Deme der Gemeinde gewählt. Sie müssen mindestens die Stufe 2 der neuen deutschen Verwaltungsprüfung bestanden haben. Näheres dazu bestimmt ein Gesetz. Amtsträger im gehobenen Dienst können nur aufgrund grober Fehlhandlungen gegen die Verfassung oder die Strafgesetze abberufen werden. Sie sind vor einer Entlassung zu hören und haben auf ihren Antrag hin die Möglichkeit, sich in einem öffentlichen Verfahren zu erklären.

(5) Jede Person, die in einem Amts- oder Dienstverhältnis zum Staat steht und gegen die Bestimmungen der Verfassung oder gegen neue deutsche Gesetze schuldhaft verstößt, haftet der Gemeinschaft wie auch dem Bürger für den daraus entstandenen Schaden.

Die Haftung ist ausgeschlossen, wenn die Handlung des Amtsträgers oder Dienstverpflichteten zur Abwendung einer unmittelbar bevorstehenden oder gegenwärtigen erheblichen Gefahr erfolgte und die Handlung verhältnismäßig war. Die allgemein anerkannten Sittengesetze dürfen dabei nicht verletzt worden sein. Das Nähere ist durch Gesetz zu regeln

Art. 34

Rechte zur Selbstverwaltung & Beitritt zum Freien Preußen Staat

(1) Die verfassungsmäßige Ordnung im deutschen Staate, in den beigetretenen Städten und Gemeinden und anderen Gebietskörperschaften, in beigetretenen Körperschaften des öffentlichen Rechts und sonstigen Gemeinschaften muß den Grundsätzen des neuen deutschen Staates und dieser Verfassung entsprechen.

(2) Die Städte und Gemeinden haben das Recht, sich auf Antrag und mit Genehmigung des Staatsrates selbst zu verwalten. Sie können sich im Rahmen dieser Verfassung ihre eigene Ordnung schaffen.

Den Städten und Gemeinden wird das Recht gewährt, alle Angelegenheiten der örtlichen Gemeinschaft unter Beachtung dieser Verfassung selbst und in eigener Verantwortung zu regeln. Auch Gemeindeverbände und Städtebünde haben im Rahmen dieser Verfassung das Recht der Selbstverwaltung.

(3) Die Gewährleistung der Selbstverwaltung umfaßt auch das Recht der finanziellen Eigenversorgung und Eigenverantwortung. Im Rahmen der ihnen zustehenden Selbstverwaltung haben die Gebietskörperschaften in Absprache mit dem übergeordneten Rat ein eigenes Recht der Geldschöpfung in strikter Einhaltung der Bestimmungen dieser Verfassung. Die Neue Deutsche Mark ist als Zahlungsmittel in Zusammenarbeit mit der freien Preußischen Deutschen Staatsbank vorrangig zu emittieren.

Eigene regionale Zahlungsmittel sind auf Antrag statthaft, sofern sie den Vorgaben dieser Verfassung entsprechen.
(4) Der Staat gewährleistet diese verfassungsmäßige Ordnung im gesamten deutschen Staat, den beigetretenen Ländern, Städten, Gemeinden, Städte-bünden, Gemeindeverbänden, sonstigen Gebietskörperschaften und Ländereien und ist ermächtigt, alles zu tun, um diese Ordnung im Beitrittsgebiet durchzusetzen.
(5) Mit Beitritt eines Gebietes zu dieser Verfassung und seiner Ordnung erlischt die alte Rechtsordnung im Beitrittsgebiet. Es treten ausschließlich diese Verfassung und alle weiteren sich daraus ergebenden Regelungen und Gesetze in Kraft.

A rt. 35

Volks- und Bürgervertretungen

(1) In den deutschen Städten und Gemeinden und im deutschen Staat haben das Volk und die Bürger eine Vertretung. Der jeweilige örtliche Rat besteht aus den in freier, unmittelbarer, gleicher und offener Wahl hervor gegangen Abgeordneten aus der örtlichen Gemeinschaft

(2) Niemand darf wegen seiner Wahl Vorteile oder Nachteile erfahren. Der Staat wahrt die Rechte aller Wähler und Gewählten und tritt für eine unein-
geschränkte Toleranz und Gleichberechtigung jeglicher Wahlmeinung ein.Niemand darf zu einer Wahl gezwungen werden.

A rt. 36

Die Verwaltungsordnung des Staates

(1) Die Stadt- und Gemeinderäte bestimmen durch direkte Wahl eine Person aus ihrer Mitte, die mindestens die Prüfung der Stufe 1 der neuen deutschen Verwaltung bestanden hat. Diese so gewählte Person ist als Abgesandter berechtigt und zugleich handlungsbefugt, die Interessen der Stadt oder Gemeinde in der nächsten Ebene der gemeinschaftlich organisierten Verwaltung zu vertreten. Der Abgesandte verkörpert mit seiner Stimme den Willen seiner Stadt oder Gemeinde. Er ist an die Beschlüsse und Aufträge seiner ihn entsendenden Körperschaft gebunden. Der Abgesandte ist ehrenamtlich tätig.

(2) Aus einer Anzahl von mindestens sieben, aber höchstens 49 Vertretern einzelner zusammenliegender Städte und Gemeinden wird ein Gremium aus
mindestens einem, aber höchstens drei Vertretern gewählt. Diese Vertreter müssen mindestens die Prüfung der Stufe 2 der neuen deutschen Verwaltung bestanden haben. Diese sind berechtigt, den gemeindlichen Zusammenschluß zu vertreten und in seinem Namen rechtsverbindlich zu handeln.
Sie sind an die Beschlüsse und Aufträge ihrer sie entsendenden Körperschaft gebunden.

(3) In dieser Weise handeln die freien Städte und Gemeinden in aufsteigender Organisationsform und geben sich selbst die Struktur ihrer Wahl. Näheres bestimmt ein Gesetz

(4) Jede freie Stadt und freie Gemeinde hat das Recht, aus einer übergeordneten Gebietskörperschaft auszutreten, die Gebietskörperschaft zu wechseln oder sich selbst zu verwalten.

(5) Im Falle der Selbstverwaltung ohne Angliederung an eine Gebietskörperschaft hat die Stadt oder Gemeinde kein Mitspracherecht und keine Möglichkeit der Einflußnahme in der Organisation der sie umgebenden freien Städte und Gemeinden. Auf Antrag ist ihr jederzeit wieder ein Sitz zunächst auf Probe einzuräumen. Die Probezeit dauert bis zu einem Jahr. In dieser Zeit ist die Einflußmöglichkeit der Stadt oder Gemeinde auf regionale und überregionale Entscheidungen eingeschränkt. Bei einem Wechsel einer Stadt oder Gemeinde in eine andere übergeordnete Gebietskörperschaft hat die wechselnde Stadt oder Gemeinde ein halbes Jahr ein

eingeschränktes Mitspracherecht. Eine Ausnahme von dieser Regel wird gewährt, wenn mindestens drei Viertel der Räte der neuen Gebietskörperschaft damit einverstanden sind.

A rt. 37 Amtshilfe

(1) Alle bestehenden Behörden innerhalb des Staates leisten sich gegenseitig Amtshilfe.
(2) Jeder Rat einer Gebietskörperschaft ist verpflichtet, die Tätigkeiten des im Rang niedrigeren Rates zu überwachen. Er ist auch berechtigt, die Einhaltung dieser Verfassung per Anordnung unmittelbar durchzusetzen.
(3) Zur Aufrechterhaltung oder Wiederherstellung der öffentlichen Sicherheit und Ordnung dieser Verfassung kann eine Stadt oder Gemeinde auch in Fällen von besonderer Bedeutung Kräfte und Einrichtungen anderer Gemeinden, Institutionen und Einrichtungen zur Unterstützung ihrer Aufgaben anfordern und nutzen

Art. 38 **Die**

Ratsversammlungen

(1) Jede Ratsversammlung findet öffentlich statt. Geheime Ratssitzungen oder Ratssitzungsteile sind verboten. Den Bürgern ist in den ersten zwei Ratsstufen ein Fragerecht zu gewähren, das sie während der Ratsversammlungen ausüben können. Die Fragen sind zu beantworten.

(2) In den Bezirksräten und im Staatsrat haben die Bürger ein Beobachtungsrecht. Mitglieder der Deme eines Bezirksrates haben ein Fragerecht.

Art. 39

Gesetzliche Beschränkung der Wählbarkeit

Die Wählbarkeit von Beamten, Berufssoldaten, freiwilligen Soldaten auf Zeit und Richtern im Staat, den Bezirken, Kreisen und Gemeinden kann gesetzlich beschränkt werden.

A rt. 40

Staatsverfassungsgericht

(1) Der deutsche Staat schafft ein Staatsverfassungsgericht.
(2) Souverän und Staatsrat ernennen die Richter des Staatsverfassungsgerichtes je zur Hälfte unter Beachtung der Bestimmungen dieser Verfassung.
(3) Jeder Bürger des Staates kann wohlbegründet das Staatsverfassungsgericht anrufen, wenn er sich in seinen Verfassungsrechten verletzt fühlt. Er hat Anspruch auf Entscheidung seiner Klage.
(4) Das Nähere ist durch Gesetz auszugestalten.

A rt. 41

Ziel derRechtsprechung

(1) Ziel der Rechtsprechung ist die Bewahrung des Rechtsfriedens und die Erreichung einer stabilen, dauerhaft friedlichen, an den Schöpfungsgesetzen ausgerichteten Gemeinschaft selbstbestimmter gleichberechtigter Menschen. Die Rechtsprechung ist darauf auszurichten, gerechte Lösungen in allen gesellschaftlichen Belangen für alle Menschen zu finden und zu gewährleisten. Gerechtigkeit steht über dem niedergeschriebenen Recht.

(2) Alle Gerichte sind grundsätzlich Staatsgerichte. Private Schiedsgerichte sind auf Antrag zuzulassen, wenn sie eine Rechtsordnung besitzen und diese und ihre Rechtsprechung weder gegen die Verfassungsgrundsätze noch gegen die guten Sitten verstoßen.

A rt. 42

Die ordentliche Gerichtsbarkeit

(1) Die ordentliche Gerichtsbarkeit wird durch den Staatsgerichtshof und durch die Gerichte ausgeübt. Das Nähere ist durch Gesetz zu regeln.

(2) Ausnahmegerichte sind unstatthaft. Gesetzliche Bestimmungen über Kriegsgerichte und Standgerichte werden hiervon nicht berührt, wenn sie vom Souverän erlassen wurden

A rt. 43

Unabhängigkeit der Richter

(1) Die Richter sind unabhängig und nur der Verfassung und den Gesetzen unterworfen. Das Einbinden von Richtern und anderen Organen der Rechtspflege in Kammern, Verbände, Vereine oder sonstige Organisationen ist untersagt.

Jeder Richter ist verpflichtet, auch in seinen privaten Tätigkeiten
darauf zu achten, seine Unabhängigkeit nicht zu gefährden.
(2) Der Staat hat die Pflicht, den gesetzlichen Richter einzurichten. Auf einfaches Verlangen hin ist jeder Richter verpflichtet, dem Angeklagten oder
einer Prozeßpartei den Nachweis zu erbringen, daß er der gesetzliche Richter ist.
(3) Richter der ersten Instanz sind ehrenamtlich tätig. Sie werden direkt von den örtlichen Ratsmitgliedern gewählt und können bei Fehlhandlungen
jederzeit abgewählt werden. Die so gewählten Richter sind dem örtlich zuständigen Rat rechenschaftspflichtig.

(4) Richter der zweiten Instanz (Oberrichter) kann nur werden, wer mindestens drei Jahre ehrenamtlicher Richter der ersten Instanz war und sich in dieser Zeit durch seine Ehrlichkeit, seine Resozialisierungserfolge und seine Kompetenz positiv hervorgehoben hat. In dieser Zeit muß er mindestens 30 Verfahren geleitet haben. Eine Ausnahme von dieser Vorschrift ist dann statthaft, wenn die Zahl der Verfahren im Wirkungsbereich nicht erfolgte.Oberrichter müssen dem Stand der Bürger angehören und hohe Ethik und fachliche Kompetenz besitzen. Näheres regelt ein Richtergesetz des freien Preußen Deutschland.

(5) Oberrichter werden direkt von den örtlichen wahlberechtigten Bürgern eines Gerichtsbezirkes gewählt. Der zu wählende Richter muß im Gerichts-
bezirk, in dem er tätig ist, seinen Wohnsitz haben.

(6) Oberrichter haben zusätzlich die Aufgabe, das Recht und die Rechtsanwendung weiter zu vereinfachen sowie auf die Erreichung höherer Werte und höherer Sittlichkeit der Menschheit hinzuwirken. Eine weitere Aufgabe ist der Unterricht an höheren staatlichen Schulen.

A rt. 44

Öffentlichkeit der Gerichtsverfahren

(1) Jedes Gerichtsverfahren findet öffentlich statt. Ausnahmen sind nur zum Schutz von Kindern und Jugendlichen statthaft. Das Nähere regelt ein Gesetz.

(2) Alle Staatsgerichte arbeiten kostenfrei für alle Bürger.

(3) Jede Gerichtsverhandlung ist auf Verlangen durch einen Urkundenbeamten wörtlich zu protokollieren und zudem vollständig in Bild und Ton aufzuzeichnen.

Die Aufnahmen sind in guter Qualität am Ende der Verhandlung beschädigungsfrei und nutzungsfähig allen am Verfahren betei ligten Parteien zur Verfügung zu stellen.

(4) Auf Antrag einer Partei oder bei besonderem öffentlichen Interesse kann das Verfahren auch direkt öffentlich ausgestrahlt werden. Sollte das Verfahren die Persönlichkeitsrechte eines Einzelnen in erheblichem Maße verletzen können, ist von einer Veröffentlichung abzusehen. Näheres regelt ein Gesetz.

(5) Jedes Gerichtsverfahren ist spätestens 6 Monate nach Eröffnung des Verfahrens abzuschließen. Ausnahmen sind bei besonders komplexen und/
oder schwierigen Verfahren zulässig. Weitere Vorschriften sind durch Gesetz zu regeln

A rt. 45

Unveräußerlichkeit der Grundrechte

(1) Die nachfolgenden Grundrechte sind unveräußerlich und keine Verfassungsänderung oder Gesetzgebung darf sie je aufheben oder einschränken.
(2) Es ist untersagt, daß die Rechtsprechung durch Auslegung zersetzend auf die Grundrechte einwirkt. Jeder Versuch kann durch den Souverän unterbunden werden und kann zur Entlassung des oder der Richter führen.
(3) Die nachfolgenden Grundrechte binden Gesetzgebung, Rechtsprechung und vollziehende Gewalt als unmittelbar geltendes Recht.

A rt. 46

Menschenwürde

Die Würde des Menschen ist unantastbar. Sie zu achten und zu schützen ist Aufgabe und Verpflichtung aller staatlichen Gewalt.

A rt. 47

Recht auf Leben und körperliche Unversehrtheit

(1) Jeder Mensch hat das Recht auf Leben. Die Todesstrafe ist abgeschafft und verboten.

(2) Niemand darf unmenschlicher, grausamer oder erniedrigender Behandlung oder Strafe unterworfen werden.

A rt. 48

Staatsangehörigkeitsrecht

(1) Jeder Deutsche hat das deutsche Staatsangehörigkeitsrecht.

(2) Die deutsche Staatsangehörigkeit darf einem Deutschen nicht entzogen werden.

A rt. 49

Gleichberechtigung

Kein Deutscher darf gegenüber einem Ausländer oder einem Staatenlosen benachteiligt werden. Keine Person darf gegenüber einer anderen Person benachteiligt oder bevorteilt werden. Kein Mensch (Staatsbürger des Kö -
nigreiches Deutschland) darf gegenüber einem anderen Menschen benachteiligt oder bevorteilt werden. Kein göttliches Wesen (Deme im Freien Preußen Deutschland) darf gegenüber einem anderen göttlichen Wesen benachteiligt oder bevorteilt werden.

A rt. 50

Auslieferung, deutsche Rechtswegegarantie

(1) Kein Deutscher darf ins Ausland oder an eine andere nicht innerstaatliche Stelle ausgeliefert werden, gleich welcher Art.

(2) Jeder Deutsche hat das Recht, vor ein innerstaatliches deutsches Gericht gestellt zu werden, das dieser Verfassung untersteht. Hat ein deutscher Staatsangehöriger eine Straftat im Ausland begangen, wird er gemäß den deutschen Gesetzen im Rahmen dieser Verfassung zur gerechten Verantwortung für seine Taten gezogen, auch wenn die vorgeworfene Tat keine nach deutschem Strafgesetz bezeichnete Straftat ist.

A rt. 51

Recht auf Entfaltung der Persönlichkeit

Jeder hat das Recht auf die freie Entfaltung seiner Persönlichkeit, soweit er nicht die Rechte anderer verletzt und nicht gegen die Verfassung oder das Sittengesetz verstößt

A rt. 52

Gleichheit der Rechte, Rechtsfähigkeit

(1) Alle Deutschen haben gleiche Rechte. Niemand darf seinem gesetzlichen Richter entzogen werden.

(2) Alle deutschen Männer und Frauen haben gleiche Rechte. Niemand darf wegen seines Geschlechtes bevorzugt oder benachteiligt werden.

(3) Jeder Deutsche hat die gleichen staatsbürgerlichen Rechte und Pflichten.Das bedeutet nicht, daß jeder gleich dem anderen ist, sondern daß jeder aus dem Volke Bürgerrechte erwerben kann, jeder Bürger Zugang zu einem öffentlichen Amt und dem Stand der Deme haben und jeder aus dem Stand der Deme das Amt des Souverän innehaben kann.

(4) Der Genuß staatsbürgerlicher Rechte, die Zulassung zu öffentlichen Ämtern sowie die im öffentlichen Dienst erworbenen Rechte sind unabhängig vom religiösen Bekenntnis. Niemandem darf aus seiner Zugehörigkeit oder Nichtzugehörigkeit zu einem Bekenntnis oder einer Weltanschauung ein Vor- oder Nachteil erwachsen.

(5) Niemand darf wegen seiner Behinderung bevorzugt oder benachteiligt werden.

(6) Jeder hat das Recht, überall als rechtsfähig anerkannt zu werden.

A rt. 53

Personenstand

(1) Die Änderung des allgemeinen Personenstandes ohne Kenntnis des Menschen über seinen rechtlichen Status ist unzulässig. Ein Verstoß ist als ein Verbrechen gegen die Menschlichkeit anzusehen und seitens des Staates unter Strafe zu stellen.

(2) Die Rechtstellung des bestehenden Personenstandes eines Menschen kann nur mit ausdrücklicher schriftlicher Erklärung und der Freiwilligkeit und im vollen Bewußtsein der Bedeutung und der Folgen verändert werden

A rt. 54

Petitionsrecht

Jedermann hat das Recht, sich einzeln oder in Gemeinschaft mit anderen schriftlich mit Bitten oder Beschwerden an die zuständigen Stellen und an die Volksvertretung zu wenden.

A rt. 55

Glaubens- und Gewissensfreiheit

(1) Die Freiheit des Glaubens, des Gewissens und die Freiheit des religiösen und weltanschaulichen Bekenntnisses sind unverletzlich.

(2) Die ungestörte Religionsausübung wird gewährleistet, wenn sie nicht verletzend in die Persönlichkeitsrechte anderer auf Leben, körperliche, emotionale, mentale und seelische Unversehrtheit und Freiheit eingreift.

(3) Niemand darf gegen sein Gewissen zum Kriegsdienst mit der Waffe gezwungen werden.

A rt. 56

Recht auf Gesundheit

(1) Jeder hat das Recht auf Gesundheit.

(2)Jeder hat das Recht auf gesunde und natürliche Lebensmittel

A rt. 57

Staatsvolk und Staatsbürgerschaft

(1) Deutscher Staatsangehöriger ist jeder Deutsche nach dem Reichs- oder Staatsangehörigkeitsgesetz.

(2) Die staatsbürgerlichen Rechte stehen jedem deutschen Staatsangehörigen im Rahmen dieser Verfassung zu.

(3) Die Bürgerrechte sind von jedermann zu achten.

A rt. 58

Die Stände

(1) Im Freien Preußen Deutschland werden 3 Stände unterschieden. Jeder hat das Recht, seinen Stand entsprechend der Gesetze zu ändern.

(2) Bei erfolgter Aufnahme eines Menschen in das Freien Preußen Deutschland ist der Aufgenommene Teil des Staatsvolkes des Freien Preußen Deutschland.Er hat keine Wahlberechtigung und ist nicht in den Stand der Deme wählbar. Er hat jedoch jederzeit die Möglichkeit, sich ein aktives und passives Wahlrecht zu erarbeiten und sich damit in den Stand eines Staatsbürgers zu erheben.

(3) Staatsbürger ist, wer eine Prüfung zum Erwerb des aktiven und passiven Wahlrechts bestanden und damit das Recht zu wählen erworben hat. Der Staatsbürger, der zudem die vorgeschriebene Prüfung zur Befähigung einer Tätigkeit in einem Rat bestanden hat, kann in einen Rat gewählt werden oder eine Beamtenlaufbahn nach den gesetzlichen Bestimmungen beginnen.

Die Staatsbürger wählen die Ratsmitglieder der Gebietskörperschaften in einer direkten Wahl.

(4) In den Stand der Deme kann auf Antrag erhoben werden, wer das 24. Lebensjahr vollendet und seinen ordentlichen Wohnsitz im Staatsgebiet hat,
den Eid auf die Verfassung feierlich abgelegt,
das aktive und passive Wahlrecht erworben,
alle erforderlichen Prüfungen bestanden,
mindestens eine einjährige Tätigkeit in einem öffentlichen Amt bekleidet hat und mindestens in einem Regionalrat tätig ist. Jedes Mitglied der Deme hat das Recht und die Pflicht, an Wahlen und Abstimmungen teilzunehmen. Auf Antrag mit berechtigter Begründung kann für den Zeitraum von bis zu einem halben Jahr auf dieses Recht verzichtet und die Pflicht ausgesetzt werden.

(5) Die Staatsbürger wählen den nachfolgenden, vom Souverän vorgeschlagenen und vom Staatsrat bestätigten neuen Souverän und entscheiden im Rahmen der ihnen nach der Verfassung zustehenden Rechte über Gesetzesvorlagen.

A rt. 59

Handelsflotte,Staatsflotte

(1) Alle deutschen Kauffahrtschiffe bilden eine einheitliche deutsche Handelsflotte.

(2) Der deutsche Staat unterhält eine eigene Staatsflotte.

A rt. 60

Meinungs- und Informationsfreiheit, Presserecht,Kunst und Wissenschaft

(1)Jeder hat das Recht, seine Meinung inWort, Schrift und Bild frei zu äußern und zu verbreiten und sich aus allen Quellen ungehindert zu unterrichten. Die Pressefreiheit und die Freiheit der Berichterstattung durch Rundfunk und Film werden gewährleistet.

(2) Die Aufgabe der Presse ist die Darstellung des Zeitgeschehens. Sie hat die Bürger umfassend zu informieren. Die Presse ist verpflichtet, wahrheits-getreu und neutral zu berichten. Die Verbreitung von Halbwahrheiten und Lügen ist verboten. Innerhalb dieses Rahmens ist die Presse frei und es fin-det keine Zensur statt.

Bei erwiesener falscher oder halbwahrer Darstellung ist die Presse verpflichtet, zeitnah ihre Darstellungen im selben Umfang und Format zu widerrufen und eine Gegendarstellung zu veröffentlichen. Die Gegendarstellung kann der Presse vorgegeben werden, wenn sie eine Gegendarstellung nicht zur Zufriedenheit des Betroffenen oder des Staates bewirkt. Auch der Betroffene und der Staat sind der Wahrheit verpflichtet. Bei wiederholter falscher oder manipulativer Darstellung, egal ob in vorsätzlicher oder auch nur fahrlässiger Handlungsweise, kann das Presseerzeugnis eingezogen und das Eigentum am gesamten Presseerzeugnis vergemeinschaftet werden. Näheres regelt ein Gesetz.

(3) Kunst und Wissenschaft, Forschung und Lehre sind frei. Die Freiheit der Lehre entbindet nicht von der Pflicht der Wahrheitslehre und der Treue zu dieser Verfassung.

(4) Der Erhalt der Sittlichkeit und der Schutz der Kinder und Jugendlichen ist Aufgabe des Staates.

A rt. 61

Ehe und Familie

(1) Die Ehe und die Familie stehen unter dem besonderen Schutz des Staates.

(2) Heiratsfähige Männer und Frauen haben ohne jede Beschränkung das Recht zu heiraten oder Lebensgemeinschaften zu bilden. Sie tragen Verantwortung für das Gemeinschaftswesen und die kommenden Generationen.

(3) Eine Ehe oder Lebensgemeinschaft darf nur in freier und uneingeschränkter Willenseinigung der künftigen Partner geschlossen werden.

(4) Die Pflege, die Erziehung und die Ausbildung der Kinder sind das natürliche Recht der Eltern und die zuvorderst ihnen obliegende Pflicht. Über ihre Betätigung wacht die staatliche Gemeinschaft. Die staatliche Gemeinschaft hat darauf hinzuwirken, daß jedem Mitglied der Gemeinschaft die Fähigkeit vermittelt wird, seine Kinder so zu fördern, daß sie die natürlichen Lebensgrundlagen, die Schöpfungsgesetze, die Menschenrechte und die Gemeinschaft achten.

(5) Gegen den Willen der Erziehungsberechtigten dürfen Kinder von der Familie nur getrennt werden, wenn die Erziehungsberechtigten versagen oder wenn die Kinder aus anderen Gründen zu verwahrlosen drohen. Der Staat hat in diesem Falle die Pflicht, den Erziehungsberechtigten helfend zur Seite zu stehen und dabei darauf hinzuwirken, daß die Erziehungsberechtigten ihre Fürsorgepflicht wieder angemessen wahrnehmen können.

(6) Jede Mutter und jeder allein erziehende Vater haben Anspruch auf den Schutz und die Fürsorge durch die Gemeinschaft, bei der Mutter in Sonderheit vor und nach der Geburt.

(7) Unehelichen Kindern sind durch die Gesetzgebung die gleichen Bedingungen für ihre leibliche und seelische Entwicklung und ihre Stellung in der Gesellschaft zu schaffen, wie ehelichen Kindern

A rt. 62

Das Schulwesen

(1) Das öffentliche Schulwesen steht unter der Aufsicht des Staates und ist im gesamten Staat einheitlich zu organisieren.

(2) Die Pflicht des Staates ist es, den individuellen Bedürfnissen der Menschen zu entsprechen. Der Staat hat dabei die Pflicht, in allen Unterrichtsfächern auch neueste gesicherte Erkenntnisse in die Lehrpläne einfließen zu lassen. Er ist verpflichtet, die Schüler zu fächerübergreifendem Verstehen zu befähigen.

(3) Der Staat hat darauf hinzuwirken, daß die Menschen zu selbstbewußten, mental, emotional und körperlich ganzheitlich entwickelten Persönlichkeiten heran wachsen. Sie sollen die Natur und die Menschenrechte achten und die Gemeinschaft, den Frieden und die Verbreitung ethischer Werte fördern.

(4)Die Schule hat darauf hinzuwirken, daß die Schüler Fähigkeiten und Fertigkeiten erwerben, um auch persönliche und gesellschaftliche Probleme gewaltfrei lösen zu können. Die Lehrpläne sind ganzheitlich am Leben auszurichten und haben darauf hinzuwirken, die Gesundheit und das Wohlbefinden der Menschen zu gewährleisten. Zu den Unterrichtsinhalten gehört auch die grundlegende Vermittlung von Kenntnissen in den Bereichen Recht, Erziehung, Wirtschaft, Geldwesen, Sozialverhalten, Selbstheilung, psychologisches Grundlagenwissen, Metaphysik und Selbsterfahrung.

(4) Die Eltern haben ein vorrangiges Recht, die Art der Bildung zu wählen, die ihren Kindern innerhalb der in dieser Verfassung formulierten Grundsätze zuteil werden soll.

Die Eltern haben das Recht, über die Teilnahme des Kindes am Religionsunterricht zu bestimmen. Der Religionsunterricht soll bewirken, daß die Natur und die Mitmenschen geachtet und respektiert werden und der Schüler eigene Erfahrungen umfassenderer Bewußtheit machen kann.

(5) Der Staat hat beim Religionsunterricht darauf hinzuwirken, daß eine wahre Erkenntniseinheit zwischen Wissenschaft, Spiritualität und Religion erreicht wird, daß positive Werte und Charaktereigenschaften im Menschen vermehrt werden und sich die Fähigkeit bedingungsloser Liebesfähigkeit ausbilden kann.

(6)Der Religionsunterricht ist in den öffentlichen Schulen mit Ausnahme der bekenntnisfreien Schulen ordentliches

Lehrfach. Unbeschadet des staatlichen Aufsichtsrechtes wird der Religionsunterricht in Übereinstimmung mit den Grundsätzen der Religionsgemeinschaften erteilt. Kein Lehrer darf gegen seinen Willen verpflichtet werden, Religionsunterricht zu erteilen.

(7) Das Recht zur Errichtung von privaten Schulen wird gewährleistet. Private Schulen als Ersatz für öffentliche Schulen bedürfen der Genehmigung des Staates und unterstehen dieser Verfassung. Die Genehmigung ist zu erteilen, wenn die Privatschule in ihren Lehrzielen, Einrichtungen und der Organisation sowie in der wissenschaftlichen Ausbildung ihrer Lehrkräfte nicht hinter denen öffentlicher Schulen zurücksteht und eine Sonderung der Schüler nach den Besitzverhältnissen der Eltern nicht gefördert wird.

Die Genehmigung ist zu versagen, wenn die wirtschaftliche und rechtliche Stellung der Lehrkräfte nicht genügend gesichert ist, es sei denn, den Lehr-
kräften ist ihre ungesicherte Stellung bewußt und sie erklären schriftlich,daß sie mit den Verhältnissen einverstanden sind.

(8) Alle schulischen und ausbildenden Abschlußprüfungen, ob an staatlichen oder privaten Schulen, sind im gesamten Staat auf gleichem Niveau
zu gestalten. Sie sollen aufzeigen, in welchem Fachbereich die besonderen Stärken eines Menschen liegen und dürfen nicht direkt oder indirekt selek-
tierend nach den Besitzverhältnissen wirken

Art. 63

Versammlungsfreiheit

(1) Alle Deutschen haben das Recht, sich ohne Anmeldung oder Erlaubnis friedlich und ohne Waffen zu versammeln.

(2) Für Versammlungen unter freiem Himmel kann dieses Recht beschränkt werden.

(3) Vor Ort sind Einschränkungen der Versammlungsfreiheit nur durch staatliche Amtsträger gestattet, wenn durch die Versammlung die Rechte anderer Menschen in erheblicher Weise verletzt wurden, werden oder dazu aufgerufen wird, diese zu verletzen oder wenn die Versammlung dem Zwecke dient, die staatliche Ordnung zu untergraben oder zu beseitigen.

A rt. 64

Vereinigungs- und Koalitionsfreiheit

(1) Alle Deutschen haben das Recht, Vereine und Gesellschaften zu bilden.

(2) Vereinigungen, deren Zwecke oder Tätigkeit den Sitten- und Strafgesetzen zuwiderlaufen, die sich gegen die Verfassung oder gegen die Völkerverständigung richten, sind verboten.

(3) Das Recht, zur Wahrung und Förderung der Arbeits- und Wirtschaftsbedingungen Vereinigungen zu bilden, ist für jedermann und für alle Berufe gewährleistet. Abreden, die dieses Recht einschränken oder zu behindern suchen, sind nichtig, ebenfalls hierauf gerichtete Maßnahmen.

(4) Niemand darf gezwungen werden, einer Vereinigung anzugehören. Gesetzliche Ausnahmen sind nur statthaft, wenn die Vereinigung zum Schutz der Gemeinschaft oder zum Schutze der Rechte Einzelner gebildet wur-
de oder wenn eine Nichtmitgliedschaft zu einer Gefahr für Leben, Leib,Gesundheit oder Eigentum eines Einzelnen oder zu besonderen Fällen der
Härte für die Gemeinschaft führen kann. Auf Antrag kann eine Zwangsmitgliedschaft im Einzelfall gelöst werden

Art. 65

Brief-, Post- und Fernmeldegeheimnis

(1) Das Briefgeheimnis sowie das Post- und Fernmeldegeheimnis sind unverletzlich.
(2) Dient eine Beschränkung dem Schutze der in dieser Verfassung garantierten Rechte, so kann das Gesetz bestimmen, daß sie dem Betroffenen nicht mitgeteilt wird und daß an die Stelle des Rechtsweges die Nachprüfung durch ein von dem jeweiligen örtlichen Rat bestellten Organ tritt.

A rt. 66

Freizügigkeit

(1) Alle Staatsangehörigen des Freien Preußen Deutschland genießen Freizügigkeit im ganzen Staatsgebiet.
(2) Dieses Recht darf nur für die Fälle eingeschränkt werden, in denen eine ausreichende Lebensgrundlage nicht vorhanden ist und der Allgemeinheit daraus besondere Lasten entstehen würden oder in denen es zur Abwehr einer drohenden Gefahr für den Bestand des Staates oder die verfassungsmäßige Ordnung, zur Bekämpfung von Naturkatastrophen oder besonders schweren Unglücksfällen, zum Schutze der Jugend vor Verwahrlosung oder um strafbaren Handlungen vorzubeugen, erforderlich ist.

Art. 67

Berufsfreiheit, Verbot der Zwangsarbeit

(1) Alle Deutschen haben das Recht, Beruf, Arbeitsplatz und Ausbildungsstätte frei zu wählen. Die Berufsausübung kann gesetzlich geregelt werden,wenn zur Ausübung des Berufes gewisse Qualifikationen erforderlich sind,die den Einzelnen oder die Allgemeinheit vor Gefahren schützen sollen.

(2) Niemand darf zu einer bestimmten Arbeit gezwungen werden, außer im Rahmen einer herkömmlichen allgemeinen, für alle gleichen öffentlichen Dienstleistungspflicht.

(3) Zwangsarbeit ist nicht zulässig.

A rt. 68

Unverletzlichkeit der Wohnung

(1) Jeder hat das Recht auf Wohnraum. Die Wohnung ist unverletzlich.

(2) Durchsuchungen dürfen nur durch einen deutschen Richter angeordnet werden, der als Amtsträger unter dieser Verfassung seine Ernennungsurkunde durch einen Staatsbeamten des Freien Preußen Deutschland erhalten hat.

(3) Bei Gefahr im Verzuge kann eine Durchsuchung auch durch die in den Gesetzen vorgesehenen anderen Organe und nur in der dort vorgeschriebenen Form durchgeführt werden.

Erfolgt die Durchsuchung nicht durch einen deutschen Richter des Freien Preußen Deutschland, so hat der durch Gesetz dazu bevollmächtigte Amtsträger einen handschriftlich unterzeichneten richterlichen Beschluß der Durchsuchung mitzuführen. Dieser ist dem Inhaber der Wohnung zu übergeben. Der Richter und der ranghöchste durchsuchende Amtsträger tragen beide die Verantwortung für die Durchsuchung und sind persönlich haftbar, sollte die Durchsuchung nicht rechtmäßig sein,nicht den Vorschriften entsprechen oder die Durchsuchung auf eine Art durchgeführt werden, die die Menschenwürde des Wohnungsinhabers verletzt, vorsätzlich oder fahrlässig sein Eigentum zerstört oder andere Grundrechte verletzt.

(4) Die für die in diesem Artikel aufgeführten Handlungen örtlich zuständigen Organe

unterrichten den Rat der übergeordneten Gebietskörperschaft lückenlos über die durch sie durchgeführten diesbezüglichen Maßnahmen.Betreffen die Maßnahmen ein oder mehrere Ratsmitglieder einer oder mehrerer Gebietskörperschaften, hat die ausführende Behörde die Pflicht, diese Maßnahme allen Ratsmitgliedern der nächsthöheren Gebietskörperschaft und dem Staatsrat mitzuteilen

A rt. 69

Eigentum, Erbrecht, Enteignung

(1)

Jeder hat das Recht, einzeln wie auch in Gemeinschaft Eigentum innezuhaben und Vermögen zu erwerben. Das Erbrecht wird gewährleistet.

Eigentum verpflichtet. Sein Gebrauch soll zugleich dem Wohle der Allgemeinheit dienen. Wird dieser Grundsatz vorsätzlich oder grob fahrlässig verletzt, kann das Eigentum vergemeinschaftet werden.

(2) Wird Eigentum unter Vorsatz auf eine Art verwendet, die das Gemeinwohl, die Menschenrechte oder die natürlichen Lebensgrundlagen gefährdet, kann das Eigentum entschädigungslos enteignet und in gemeinschaftliches Eigentum überführt werden.

(3) Außerhalb der Vorschrift von Abs. 2 ist eine Enteignung nur zum Wohle der Allgemeinheit zulässig. Sie darf nur erfolgen, wenn die Art und das Ausmaß der Entschädigung angemessen geregelt sind.

Die Entschädigung ist unter gerechter Abwägung der Interessen der

(4) Allgemeinheit und der Beteiligten zu bestimmen. Bei Strittigkeit der Höhe der Entschädigung steht der Rechtsweg vor den ordentlichen Gerichten offen.

A rt. 70

Sozialisierung

(1) Grund und Boden, Boden- und Naturschätze aller Art sind Gemeinschaftsgut und dem unveräußerlichen Staatsvermögen zuzuordnen. Dazu zählen auch Wasser, Holz und alle anderen natürlichen Ressourcen. Befindet sich ein Gemeinschaftsgut in privatem Eigentum, unterliegt dies den Grundsätzen des Artikel 69 Abs. 2.

(2) In Privateigentum oder Privatbesitz befindlicher Grund und Boden, Naturschätze und Produktionsmittel können zum Zweck der Vergemeinschaftung durch ein Gesetz, das Art und Ausmaß der Entschädigung regelt, in Gemeineigentum oder in andere Formen der Gemeinwirtschaft überführt werden. Für die Entschädigung gilt Artikel 69 Abs. 3 entsprechend

Art. 71

Asylrecht

(1) Jedermann, der sich im Staatsgebiet aufhält und kein Deutscher ist, untersteht der Fremdengesetzgebung.

(2) Ein- und Ausreise, Aufenthalt und Niederlassung von Ausländern weden durch Staatsverträge und Gesetz geregelt.

(3) Politisch Verfolgte können Asyl erhalten. Sie haben sich an die Verfassung des Freien Preußen Deutschland und seine geltenden Gesetze zu halten.Bei erwiesenen strafrechtlichen Verstößen können sie jederzeit und mit sofortiger Wirkung wieder ausgewiesen werden.

(4) Die Vollziehung aufenthaltsbeendender Maßnahmen wird in Fällen, die offensichtlich unbegründet sind oder als offensichtlich unbegründet gelten,durch ein deutsches Gericht nur ausgesetzt, wenn ernstliche Zweifel an der Rechtmäßigkeit der Maßnahme bestehen. Der Prüfungsumfang kann eingeschränkt werden und verspätetes Vorbringen unberücksichtigt bleiben. DasNähere ist durch Gesetz zu bestimmen.

(5) Der Verlust der verliehenen Staatsangehörigkeit darf nur aufgrund eines Gesetzes und gegen den Willen des Betroffenen nur dann eintreten, wennder Betroffene dadurch nicht staaten- oder heimatlos wird.

A rt. 72

Verwirkung von Rechten

(1) Wer die Grund- oder Bürgerrechte zum Kampf gegen die staatliche Ordnung und gegen diese Verfassung mißbraucht, verwirkt diese Rechte.Die Verwirkung und ihr Ausmaß werden durch den Rat der Gebietskörperschaft oder seine Bevollmächtigten ausgesprochen.

(2) Gegen diese Entscheidung kann ein Schiedsspruch beim höheren Rat der übergeordneten Gebietskörperschaft beantragt werden. Die Verhandlung hat innerhalb eines Monats nach Antragstellung zu erfolgen.

Art. 73

Verletzung von Verfassungsrechten

(1) Wird jemand durch die öffentliche Gewalt in seinen Verfassungsrechten verletzt, steht ihm der Rechtsweg ohne Beschränkung offen.

(2) Im Falle der Feststellung der Verletzung von Verfassungsrechten hat der Staat darauf hinzuwirken, die Rechtsetzung anzupassen und dem in seinen Rechten Verletzten eine angemessene Wiedergutmachung zuzuwenden.

Art. 74

Rechtssicherheit, Gerichtsbarkeit, Unschuldsvermutung

(1) Jeder hat Anspruch auf einen wirksamen Rechtsbehelf bei den zuständigen innerstaatlichen Gerichten gegen Handlungen, durch die seine ihm

nach der Verfassung oder nach den Gesetzen zustehenden Rechte verletzt werden.

(2) Niemand darf willkürlich festgenommen, in Haft gehalten oder des Landes verwiesen werden.

(3) Jeder hat bei der Feststellung seiner Rechte und Pflichten sowie bei einer gegen ihn erhobenen strafrechtlichen Beschuldigung in voller Gleichheit
Anspruch auf ein gerechtes und öffentliches Verfahren vor einem unabhängigen und unparteiischen Staatsgericht.

(4) Jeder, der einer strafbaren Handlung beschuldigt wird, hat das Recht,als unschuldig zu gelten, solange seine Schuld nicht in einem öffentlichen Verfahren nachgewiesen ist, in dem er alle für seine Verteidigung notwendigen Garantien gehabt hat.

Art. 75

Wehrdienst

(1) Die Wehrpflicht ist abgeschafft. Niemand darf zum Kriegsdienst verpflichtet oder gezwungen werden.

(2) Der Staat hat jedoch darauf hinzuwirken, daß jedem Deutschen gemäß seinen Fähigkeiten und Fertigkeiten grundlegendes Wissen über Selbstverteidigung mit und ohne Waffen vermittelt wird. Die dazugehörige Ethik und das erforderliche Rechtswissen, um diese Kenntnisse richtig und nur innerhalb des Rahmens der Gesetze der Selbstverteidigung anzuwenden, sind ebenso zu lehren. Die Vermittlung dieses Wissens hat dem Zweck zu dienen,die Individualrechte und die Verfassung zu schützen und zu verteidigen. Es darf in keinem Falle für Angriffe gegen andere Menschen, Völker und Nationen oder ihren Glauben, ihre Werte und ihre Überzeugungen eingesetzt werden.

Die Deutschen verpflichten sich mit dem Bekenntnis zu dieser Verfassung, sich friedliebend und tolerant gegenüber allen Menschen und Nationen zu verhalten und sich für Wahrheit und Rechtschaffenheit einzusetzen.

(3) Der Staat bildet ein Heer als Verteidigungsarmee, beruhend auf Freiwilligkeit. Der Freiwillige muß deutscher Staatsbürger sein. Wer sich freiwillig intensiver, als es der Allgemeinheit zugänglich ist, in den Verteidigungskünsten auch an der Waffe ausbilden läßt, muß über eine gewisse Reife und über ethisch hohe Werte verfügen. Der Aufnahmewillige hat vor seiner Aufnahme in die Verteidigungsarmee eine Prüfung zur Bewertung charak terlicher Reife und Ethik zu bestehen. Menschen, die diese Reifeprüfung

nicht bestehen, sind für den beruflichen Dienst an der Waffe ungeeignet und nicht zuzulassen. Näheres regelt ein Gesetz.

(4) Neben den Verteidigungskünsten hat der Aufgenommene zusätzlich einen Beruf zu erlernen oder ein Studium aufzunehmen.

Die vermittelten Fähigkeiten sollen ihm beim Ausscheiden aus dem Dienst an der Waffe die Möglichkeit bieten, einen angemessenen anderen Platz in der Gemeinschaft einzunehmen. Die Wahl kann der Aufgenommene selbst treffen.

Die angebotenen Berufs- oder Studienangebote sind am Gemeinwohl und an den Bedürfnissen der Gemeinschaft auszurichten und sollen im Inhalt am Satz 2 dieses Absatzes ausgerichtet sein, ohne daß die Prinzipien der Wahrheit,der Menschlichkeit, der Ethik und Moral verletzt werden dürfen

(5) Bewaffnete Formationen dürfen nur insoweit gebildet und erhalten werden, wie es zur Versehung des Polizeidienstes und zur Aufrechterhaltung der Ordnung im Innern oder gegen außen notwendig erscheint. Die näheren Bestimmungen hierüber trifft die Gesetzgebung.

Art. 76

Verteidigungsfall

(1) Der Souverän hat die oberste Befehls- und Kommandogewalt über die Streitkräfte und gibt die Richtlinien der Verteidigungsstrategie vor.

(2) Der Souverän stellt im Falle eines kriegerischen Angriffes auf das Staatsgebiet des Freien Preußen Deutschland den Verteidigungsfall fest.

Im Falle sei-ner Abwesenheit sind dazu sein Stellvertreter, der Minister für Verteidigung oder 3 Mitglieder des Staatsrates befugt.

(3) Der Souverän kann einen Minister für Verteidigung ernennen.

(4) Auch im Verteidigungsfall darf niemand zum Dienst mit an der Waffe gezwungen werden.

(5) Außer zur Verteidigung dürfen die Streitkräfte nur eingesetzt werden,soweit diese Verfassung es ausdrücklich zuläßt.

(6) Die Streitkräfte haben im Verteidigungsfall und im Spannungsfall die Befugnis, zivile Objekte zu schützen und Aufgaben der Verkehrsregelung wahrzunehmen, soweit dies zur Erfüllung ihres Verteidigungsauftrages erforderlich ist. Dazu kann den Streitkräften Polizeigewalt übertragen werden.Die Streitkräfte wirken dabei mit den zuständigen Behörden zusammen.

(7) Zur Abwehr einer drohenden Gefahr für den Bestand oder für die verfassungsmäßige Ordnung des deutschen Staates kann der Staatsrat, wenn die Polizeikräfte sowie der Grenzschutz nicht ausreichen, Streitkräfte zur Unterstützung der Polizei und des Grenzschutzes beim Schutz von zivilen Objekten und bei der Bekämpfung organisierter und militärisch bewaffneter Aufständischer einsetzen. Der Einsatz von Streitkräften ist einzustellen,wenn der Staatsrat, der Präsident oder der Souverän es verlangt

Art. 77

Verbot kriegerischer Angriffshandlungen, Kriegswaffenkontrolle

(1) Handlungen, die geeignet sind oder in der Absicht vorgenommen werden, das friedliche Zusammenleben der Völker zu gefährden, insbesondere die Führung eines Angriffskrieges vorzubereiten, zu unterstützen oder sich daran zu beteiligen, sind verfassungswidrig und unter Strafe zu stellen. Die Durchführung eines Angriffskrieges ist nicht verfassungswidrig, wenn die Durchführung kriegerischer Handlungen aufgrund einer Kriegserklärung eines anderen Volkes oder Staates dem deutschen Volke, dem deutschen Staate

oder dem Souverän gegenüber erfolgt,
eine unmittelbare Gefahr besteht
und diese Handlung erforderlich ist, um erheblichen Schaden von dem deutschen Volke abzuwenden und dieser Schaden auf andere Art nicht vermieden werden kann.

(2) Zur Kriegsführung bestimmte oder geeignete Waffen, Waffenkomponenten oder Güter, die in Deutschland hergestellt wurden, werden oder hergestellt werden sollen, die von Deutschen erdacht, erfunden, gebaut oder ihre Herstellung von Deutschen beaufsichtigt, organisiert oder gefördert werden, dürfen nur mit Genehmigung des deutschen Staates hergestellt,befördert, in Verkehr gebracht und benutzt werden. Es ist allen Deutschen und dem deutschen Staate verboten, Waffen, Waffenteile oder zur Kriegsführung geeignete Güter zu exportieren oder sie anderweitig außer Landes

zu schaffen, im Ausland zu produzieren, zu verkaufen oder anderweitig zu veräußern.
(3) Jede kriegerische Handlung ist ausschließlich zur Verteidigung des Landes oder zum Schutz der eigenen Bevölkerung auszuüben. Jegliche Unterstützung eines anderen Staates, einer anderen Nation oder eines anderen Volkes bei der Führung eines Angriffskrieges gegen einen anderen Staat,eine Nation oder Volksgruppe ist verfassungswidrig und verboten.
(4) Jede Besetzung, Besatzungsmachtausübung oder Ausbeutung eines anderen Staates, einer anderen Nation oder Bevölkerungsgruppe ist verfassungswidrig und verboten. Das schließt auch den Wiederaufbau nach einem Krieg mit ein, wenn dieser nicht selbstlos geschieht oder gerecht vertraglich
geregelt ist und nicht im Einvernehmen mit

der Bevölkerung des Gebietes geschieht. Der Wiederaufbau darf nicht zu einer erzwungenen Abhängigkeit jedweder Art einer Kriegspartei führen.

(5) Für den Fall der Verteidigung ist der deutsche Staat berechtigt, Bündnisse einzugehen. Die Bündnisfähigkeit des deutschen Staates schließt die uneingeschränkte Unterstützung der Bündnispartner für ihren Verteidigungsfall mit ein.

Art. 78

Gesetzliche Währung, Finanzhoheit, Zins, Kreditgewährung,

Währungsemissionskriterien

(1) Die Regelung des Münz-, Banknoten- und öffentlichen Finanzwesens ist ausschließliche Sache des Staates.

(2) Der Souverän des Freien Preußen Deutschland errichtet eine Währungs- und Notenbank als Staatsbank. Jegliche Privatisierung der Staatsbank ist verboten.

Die Freie Preußisch Deutsche Staatsbank gibt die neue deutsche Währung nach den Prinzipien dieses Artikels heraus.

(3) Die Neue Deutsche Mark als bare Währung, ist mit ihrer Einführung ebenso die gesetzliche Währung des Freien Preußen Deutschland, wie die E-Mark als unbare Währung.

(4) Der deutsche Staat übt die alleinige Finanzhoheit aus. Ausschließlich dem deutschen Staat stehen das Münzregal und die Geldschöpfung zu. Jedem anderen ist die Geldschöpfung verboten. Ausnahmen bestimmt diese Verfassung. Das Nähere regelt ein Gesetz.

(5) Zins und Zinseszins sind verboten. Eine kostendeckende einmalige Bearbeitungsgebühr ist erlaubt, wenn sie zugleich in den Geldkreislauf fließt.

Sie muß angemessen sein und darf 7 vom Hundert der Kreditsumme im Ganzen nicht übersteigen. Kredite an die öffentliche Hand sind nur zulässig,wenn sich die ausgegebene Kreditsumme äquivalent im Sachwert widerspiegelt und das Recht auf Konsum vom Staat weiterhin garantiert werden kann.

(6) Niemand der im Finanzbereich Tätigen darf durch überhöhte Zuwendungen begünstigt werden.

(7) Die Gewährung von überregionalen Investitionskrediten obliegt allein der Staatsbank. Die näheren Durchführungsbestimmungen werden durch Gesetze geregelt. Diese Gesetze müssen darauf ausgerichtet sein, die natürlichen Lebensgrundlagen, die Menschenrechte und die Menschen selbst zu achten und zu schützen und die Qualität der Produkte, die durch die Kreditgewährung geschaffen werden, zu sichern.

(8) Dem Staat ist die Kreditaufnahme verboten. Verboten sind auch Umgehungsgeschäfte, die wie eine Verschuldung wirke

9) Investitionen des Staates werden vorrangig durch die bereits erwirtschafteten Mittel des Staates oder mit Hilfe der Geldschöpfung getätigt.Geldschöpfung ist nur bei Projekten erlaubt, die im allgemeinen öffentlichen Interesse liegen, die dabei dem Gemeinwohl dienen, einen dauerhaften Gebrauchswert aufweisen und möglichst einen Mehrwert zu erzeugen befähigt sind. Es ist nicht gestattet, öffentliche Bauten oder andere Einrichtungen ohne eine nutzbare sinnvolle Zweckbestimmung allein zum Zweck der Geldmengenvermehrung zu errichten.

Bei Fehlinvestitionen ist der gesamte Investitionsbetrag wieder dem öffentlichen Zahlungsverkehr zu entziehen.

Näheres regelt ein Gesetz.

(10) Die geschaffenen Werte werden von der Allgemeinheit genutzt. Genaueres regelt ein Gesetz. Das Gesetz darf die vorgenannten Grundsätze nicht
verletzen.

(11) Die Ausfuhr gesetzlicher Währungsmittel ist nur mit Genehmigung des Finanzministeriums des Freien Preußen Deutschland erlaubt. Sie ist nur für ethisch und rechtlich vertretbare Investitionen außerhalb Deutschlands gestattet, die die natürlichen Lebensgrundlagen schützen, die Menschenrechte achten und dem Allgemeinwohl dienen. Gesetzliche Zahlungsmittel Deutschlands, die ohne Genehmigung Deutschland verlassen, verlieren ihre Gültigkeit. Näheres regelt ein deutsches Gesetz

Art. 79

Steuern

(1) Die Zahlung von direkten Steuern ist in der Regel freiwillig. Ausnahmen werden durch Gesetze des Freien Preußen Deutschland bestimmt. Ausnahmen sind auf natürliche und juristische Personen und andere Rechtssubjekte oder Körperschaften beschränkt, die das Leben, die körperliche Unversehrtheit, die Gesundheit von Personen oder die Umwelt als natürliche Lebensgrundlage gefährden, belasten oder andere in irgendeiner Weise in ihren Rechten verletzen. Die Grundsätze der Vergemeinschaftung werden von dieser Vorschrift nicht berührt.

(2) Abgaben, die zur kostendeckenden Finanzierung der öffentlichen Verwaltung, des Bildungswesens, der sozialen Aufgaben und des öffentlichen Lebens erhoben werden, dürfen nur in gerechtem Maße für alle gleich erhoben werden.

Art. 80

Verfassungsänderungen

(1) Der Staatsrat kann diese Verfassung nur ändern, wenn mindestens zwei Drittel der Wahlberechtigten einer Verfassungsänderung zugestimmt haben. Jede Verfassungsänderung ist im Reichsgesetzblatt zu veröffentlichen und wird mit der Veröffentlichung wirksam.

(2) Aufgrund von Mißständen oder besonderer Eilbedürftigkeit kann der Souverän in Zusammenarbeit mit dem Staatsrat eine Verfassungsänderung bewirken. Diese Verfassungsänderung ist innerhalb von 3 Monaten von zwei Dritteln der Wahlberechtigten zu bestätigen und gilt im Falle der Ablehnung als nicht zustande gekommen.

(3) Eine Änderung der Verfassung in sämtlichen währungsrechtlichen Belangen ist unzulässig.

Des Weiteren ist es unzulässig, die Grundsätze der Verfassung in den Artikeln 33 bis 36, 38, 41, 45 bis 56, 63 und 64 zu ändern.

(4) Diese Verfassung kann nur durch ein die Verfassung änderndes Gesetz geändert werden, welches den Wortlaut der Verfassung ausdrücklich ändert oder ergänzt.

A rt. 81

Die Neugliederung des Staatsgebietes

(1) Das deutsche Staatsgebiet kann neu gegliedert werden, wenn sich durch Beitritte zum deutschen Staat eine Anpassung der Organisationsstruktur erforderlich macht oder sonstige Ereignisse die obliegenden Aufgaben des neuen deutschen Staates erweitern.

(2) Sollten andere Staaten, Nationen, Städte, Städtebünde, Gemeinden,

Gemeindeverbände oder sonstige Gebietskörperschaften, natürliche oder juristische Personen, Religionsgemeinschaften, Kirchen oder sonstige Vereinigungen ganz oder teilweise dem deutschen Staat beitreten, sind ihnen die Rechte dieser Verfassung zu gewähren.

(3) Sollten andere Staaten, Nationen oder Gebiete des gegenwärtig noch fremdverwalteten Gebietes des deutschen Staates nach dem geltenden Völkerrecht dem deutschen Staat beitreten wollen, ist in diesen Gebieten, Nationen oder Staaten durch einen völkerrechtlich verbindlichen Vertrag die neue deutsche Ordnung dieser Verfassung einzuführen.

(4) Anderen Nationen und Staaten, die dem deutschen Staat beitreten wollen oder sich aufandere Weise in das deutsche Staatsgebiet integrieren wollen,

sind ebenso Selbstverwaltung und Selbstbestimmung nach den Vorschriften dieser Verfassung zu gewähren. Dabei sind landsmannschaftliche Verbundenheit und die geschichtlichen und kulturellen Zusammenhänge zu achten, wertzuschätzen und zu erhalten. Es sind die Grundsätze wirtschaftlicher Zweckmäßigkeiten sowie die Erfordernisse der Raumordnung und der Landesplanung sowie der örtlichen Autarkie zu beachten.

(5) Im Falle der Neugliederung des Staatsgebietes hat der Souverän ein Vetorecht, sollte die Neugliederung zu erheblichen oder unwägbaren Belastungen für das deutsche Volk, andere Völker oder den Frieden führen können.Der Staatsrat und bei Bestehen eines Ethikrates ist/ sind diese/r vorher zu hören.

(6) Ein Volks- oder Bürgerentscheid findet in den Gebieten statt, aus deren Gebiet oder Gebietsteilen ein neues oder neu umgrenztes Gebiet gebildet werden soll. Es ist zudem über die Frage abzustimmen, welche rechtliche Ordnung die Bevölkerung annehmen möchte.
(7) Wird in einem zusammenhängenden, abgegrenzten Siedlungs- und Wirtschaftsraum, dessen Teile in mehreren Staaten, Nationen oder Ländern liegen und der mindestens eine Million Einwohner hat, von einem Zehntel der Wahlberechtigten durch Volksbegehren gefordert, daß für diesen Raum eine einheitliche Zugehörigkeit herbeigeführt werde, so ist durch Gesetz innerhalb von einem Jahr entweder zu bestimmen, ob die Zugehörigkeit gemäß Abs. 2 geändert wird oder daß in den betroffenen Ländern eine Volksbefragung stattfindet.

(8) Die Volksbefragung ist darauf zu richten, festzustellen, ob eine in dem Gesetz vorzuschlagende Änderung der Zugehörigkeit Zustimmung findet. Das
Gesetz kann verschiedene, jedoch nicht mehr als zwei Vorschläge der Volksbefragung vorlegen. Stimmt eine Mehrheit einer vorgeschlagenen Änderung der Landeszugehörigkeit zu, so ist durch Gesetz innerhalb von zwei Jahren zu bestimmen, ob die Zugehörigkeit gemäß Abs. 2 geändert wird. Findet ein der
Volksbefragung vorgelegter Vorschlag Zustimmung, so ist innerhalb von einem Jahr nach der Durchführung der Volksbefragung ein Gesetz zur Bildung des vorgeschlagenen Gebietes zu erlassen, das der Bestätigung durch Volksentscheid nicht mehr bedarf.

(9) Mehrheit im Volksentscheid und in der Volksbefragung ist die Mehrheitder abgegebenen Stimmen, wenn sie mindestens ein Viertel der Wahlberechtigten des Gebietes umfaßt. Im Übrigen wird das Nähere über Volksentscheid,Volksbegehren und Volksbefragung durch ein jeweiliges Gesetz geregelt; dieses kann auch vorsehen, daß Volksbegehren innerhalb eines Zeitraumes von drei Jahren nicht wiederholt werden können.

(10) Sonstige Änderungen des Gebietsbestandes der Staaten, Nationen oder Länder können durch Staatsverträge der Beteiligten oder durch Gesetz mit Zustimmung der jeweiligen Räte oder vergleichbarer Institutionen erfolgen, wenn das Gebiet, dessen Zugehörigkeit geändert werden soll, nicht mehr als

50.000 Einwohner hat. Das Nähere regelt ein Gesetz, das der Zustimmung des jeweiligen Rates bedarf. Es muß die Anhörung der betroffenen Städte,Gemeinden und Kreise vorsehen

(11) Eine Neugliederung des Staatsgebietes oder Teile des Staatsgebietes sind durch Staatsvertrag zu regeln. Die betroffenen Städte, Gemeinden und Kreise sind zu hören. Der Staatsvertrag bedarf der Bestätigung durch Volksentscheid in jedem beteiligten Gebiet.

(12) Betrifft der Staatsvertrag Teilgebiete der Länder der Bundesrepublik,kann die Bestätigung auf Volksentscheide in diesen Teilgebieten beschränkt werden. Bei einem Volksentscheid entscheidet die Mehrheit der abgegebenen Stimmen, wenn sie mindestens ein Viertel der in dem Gebiet lebenden Wahlberechtigten umfaßt.

Das Nähere regelt ein Gesetz.

(13) Der Staatsvertrag bedarf der Zustimmung des Staatsrates oder des Souverän.Der Souverän hat ein Vetorecht.

A rt. 82

Spannungsfall

(1) Ist in dieser Verfassung oder in einem Staatsgesetz über die Verteidigung einschließlich des Schutzes der Zivilbevölkerung bestimmt, daß Rechtsvorschriften nur nach Maßgabe dieses Artikels angewandt werden dürfen, so ist die Anwendung außer iVerteidigungsfalle nur zulässig,wenn der Staatsrat oder der Souverän den Eintritt des Spannungsfalles festgestellt oder wenn er der Anwendung besonders zugestimmt hat.

(2) Die Feststellung des Spannungsfalls bedarf einer Mehrheit von zwei Dritteln der abgegebenen Stimmen der Staatsratsmitglieder.

(2) Im Spannungsfall ist der Staatsrat, der Präsident oder der Souverän befugt, Bündnisse mit dem erstrangigen Ziel einzugehen, eine friedliche Lösung zu erwirken.

A rt. 83

Wasserstraßen

(1) Der Staat Freies Preußen Deutschland ist in dem Gebiet, das seiner Hoheit untersteht, der Eigentümer der bisherigen Reichswasserstraßen.

(2) Das Freie Preußen Deutschland verwaltet die Wasserstraßen durch eigene Behörden und nimmt die über den Bereich

seines Hoheitsgebietes hinaus-
gehenden staatlichen Aufgaben der Binnen und Seeschiffahrt wahr, die ihm durch Gesetz übertragen werden.

(3) Bei der Verwaltung, dem Ausbau, dem Neubau und der Veränderung von Wasserstraßen sind die Bedürfnisse der Landeskultur, der Wasserwirtschaft und des Naturschutzes im Einvernehmen zu wahren.

A rt. 84

Straßen und Autobahnen

(1) Das Freien Preußen Deutschland ist in dem Gebiet, das seiner Hoheit untersteht, der Eigentümer der bisherigen Reichsautobahnen und Reichsstraßen.

(2) Bei der Verwaltung, dem Ausbau, dem Neubau und der Veränderung von Autobahnen und Straßen sind die Bedürfnisse der Landeskultur, der Verkehrswirtschaft und des Naturschutzes im Einvernehmen zu wahren

Art. 85

Innerer Notstand

(1) Notverordnungen dürfen die Verfassung als Ganzes oder einzelne Bestimmungen derselben nicht aufheben, sondern nur die Anwendbarkeit einzelner Bestimmungen der Verfassung einschränken. Notverordnungen können weder das Recht eines jeden Menschen auf Leben noch das Verbot der Folter und der unmenschlichen Behandlung, weder das Verbot der Sklaverei noch der Zwangsarbeit beschränken. Notverordnungen treten spätestens sechs Monate nach ihrem Erlaß wieder außer Kraft.

(2) Zur Abwehr einer drohenden Gefahr für den Bestand des deutschen Staates oder der freiheitlichen Grundordnung dieser Verfassung kann eine Gebietskörperschaft die Polizeikräfte anderer Gebietskörperschaften anfordern.

Die Aufsicht über die Tätigkeit dieser Polizeikräfte übt der übergeordnete Rat der Gebietskörperschaft aus, der die Unterstützung anfordert.Die Anforderung von Polizeikräften anderer Gebietskörperschaften kann durch den Präsidenten oder den Souverän untersagt werden. Im Übrigen sind nach Beseitigung der Gefahr sämtliche Tätigkeiten dieser Polizeikräfte zu beenden.

A rt. 86

Fortgeltung früherer Rech und früherer Staatsverträge

(1) Recht aus der Zeit vor dem Entstehen des Freien Preußen Deutschland gilt fort, soweit es dieser Verfassung und den aus ihr folgenden nachrangigen Gesetzen nicht widerspricht.

(2) Die vom Deutschen Reich abgeschlossenen Staatsverträge, die sich auf Gegenstände beziehen, für die nach dieser Verfassung der neue deutsche Staat zuständig ist, bleiben, wenn sie nach allgemeinen Rechtsgrundsätzen gültig sind und fortgelten, unter Vorbehalt aller Rechte und Einwendungen der Beteiligten und unter Wahrung der uneingeschränkten Souveränität des Freien Preußen Deutschland in Kraft, bis neue Staatsverträge durch die nach dieser Verfassung zuständigen Stellen abgeschlossen werden oder ihre Beendigung aufgrund der in ihnen enthaltenen Bestimmungen anderweitig erfolgt.

(3) Verträge, die durch mittelbaren oder unmittelbaren Zwang, durch sittenwidriges Verhalten, durch Täuschung oder Betrug, Geschichtsverfälschungen oder

Meinungsmanipulation entstanden sind, bleiben unbe-achtlich.

(4) Rechte oder völkerrechtliche Verträge, die den Wohlstand, die Freiheit oder andere Grund- und Menschenrechte verletzen können, sind unbeacht-
lich.

(5) Über Meinungsverschiedenheiten über das Fortgelten von Recht als neues deutsches Recht entscheidet der Souverän

(6) Der Souverän entscheidet über den Zeitpunkt der alleinigen Inanspruchnahme der Rechtsnachfolge des Deutschen Reiches, wenn er gewillt ist, diese Rechtsnachfolge in Anspruch zu nehmen.

(7) Der Souverän entscheidet über die Fortgeltung alter Staatsverträge sowie aller völkerrechtlichen Rechte und Pflichte

A rt. 87

Rechtsnachfolge in das Reichsvermögen

(1) Das Vermögen des Deutschen Reiches wird grundsätzlich Vermögen des neuen deutschen Staates, wenn sich das Vermögen des Deutschen Reiches
auf dem Hoheitsgebiet des Freien Preußen Deutschland befindet.

(2) Mit der Inanspruchnahme der Rechtsnachfolge des Deutschen Reiches wird alles Vermögen des Deutschen Reiches Vermögen des neuen deutschen Staates, dem Freien Preußen Deutschland.

A rt. 88

Annahme der Verfassung

(1) Diese Verfassung tritt mit ihrer Veröffentlichung in Kraft.

(2) Sie gilt für alle Menschen, die auf dem Gebiete des deutschen Staates ihren dauerhaften Wohnsitz haben und sich schriftlich zu dieser Verfassung bekannt haben. Mit der Inanspruchnahme der Rechtsnachfolge des Deutschen Reiches gilt diese Verfassung für alle Deutschen.
(3) Aufnahmewillige in das Freie Preußen Deutschland unterstehen dieser Verfassung durch Bekenntnis, Loyalitätserklärung, Gelöbnis oder Eid.
(4) Die Aufnahme in den Staat Freies Preußen Deutschland ist vollzogen, wenn nach einem Antrag auf Staatsangehörigkeit, dem Bestehen der Prüfung zur Erlangung der Staatsangehörigkeit sowie durch ein erfolgreiches Absolvieren der Probezeit auf dem Hoheitsgebiete des deutschen Staates der Aufnahmewillige als Staatsangehöriger mit der Ausstellung einer Staatsangehörigkeitsurkunde angenommen wurde

A rt. 89

Aufnahmebedingungen

(1) Vor der Gewährung der Möglichkeit zu einem schriftlichen Bekenntnis zur Verfassung des Freien Preußen Deutschland prüfen der Souverän oder Bevollmächtigte des Souverän den Antragsteller. Näheres regelt ein Gesetz.

(2) Der Beginn des Aufnahmeverfahrens ist ein formloser Antrag. In ihm müssen der Antrag selbst, der/die Vorname/n und Familienname des Antragstellers, sein Geburtsdatum und Geburtsort, seine Staatsangehörigkeit und das Datum der Antragstellung enthalten sein. Unter dem Antrag, den persönlichen Daten und dem Datum der Antragstellung ist handschriftlich selbst zu unterschreiben. Mit diesem Antrag bekundet der Antragsteller die Einwilligung der Prüfung zur Aufnahme durch einen oder mehrere Bevollmächtigte der Verwaltung von Deutschland.

(3) Eine erfolgte Aufnahme wird durch Urkunde, Ausstellung einer persönlichen Identitätskarte und der Veröffentlichung im Melderegister bestätigt.

A rt. 90

Geltungsbereich

(1) Diese Verfassung gilt für alle Deutschen nach dem Reichs- und Staatsangehörigkeitsgesetz, die im Gebiet des Staates Deutsches Reich, das sich in den Grenzen nach dem geltenden Völkerrecht definiert, Aufnahme gefunden, diese Verfassung schriftlich durch Bekenntnis gleich welcher Art angenommen haben und in den neuen deutschen Staat aufgenommen wurden.

(2) Das Staatsterritorium wird in der Anlage aufgezeigt und erweitert sich durch Beitritt.

(3) Diese Verfassung ist mit ihrer Verkündung am 01.. Januar 2024 in Kraft getreten !

A rt. 91

Begriff Deutscher, Aufnahme, Wiederaufnahme

(1) Deutscher ist, wer gemäß Reichs- und Staatsangehörigkeitsgesetz vom 22. Juli 1913 deutscher Staatsangehöriger ist oder aufgrund von Aufnahme in den neuen deutschen Staat nach dem geltenden Völkerrecht Aufnahme gefunden hat. Deutscher Staatsangehöriger des Freien Preußen Deutschland ist, wer die Staatsangehörigenprüfung des Freien Preußen Deutschland erfolgreich bestanden hat und sich zu den Werten und der Verfassung des Freien Preußen Deutschland bekennt.

Nachkommen staatsangehöriger Eltern erwerben die Staatsangehörigkeit des Freien Preußen Deutschland durch Geburt. Nachkommen von einem staatsangehörigen Elternteil erhalten die Staatsangehörigkeit auf Antrag durch Geburt.

(2) Frühere deutsche Staatsangehörige, denen zwischen dem 30. Januar 1933 und dem 8. Mai 1945 die Staatsangehörigkeit aus politischen, rassischen oder religiösen Gründen entzogen worden ist und ihre Abkömmlinge sind auf Antrag wieder in den deutschen Staat aufzunehmen. Sie gelten als zum deutschen Staate zugehörig, sofern sie nach dem 8. Mai 1945 ihren Wohnsitz im Hoheitsgebiete von Deutschland genommen haben und nicht einen entgegengesetzten Willen zum Ausdruck gebracht haben.

A rt. 92

Amtsgewalt, Auslegung der Ordnung

(1) Bis zur Bildung des Staatsrates und der Wahl des Souverän obliegt die oberste Staatsgewalt ausschließlich dem Obersten Souverän. Dies gilt auch für Art. 14.

(2) Bis zur Bildung des Staatsrates obliegt dem Obersten Souverän die Änderung und Anpassung der Verfassung an die jeweiligen Gegebenheiten, die Anordnung der Gesetze und ihre Verkündung.

(3) Bis zur Einrichtung des Staatsverfassungsgerichtes werden dessen Rechtsprechung und die Auslegung der Verfassung ausschließlich vom Obersten Souverän wahrgenommen. Der Oberste Souverän ist bis zur Schaf- fung des Staatsrates und des Staatsverfassungsgerichtes der oberste Richter.

Schlußbestimmung

Was wir inzwischen gelernt haben sollten..!!!

1. Wir wurden unser ganzes Leben lang belogen! Es liegt an uns, uns daraus zu ENT-wickeln!

2. Im Supermarkt gibt es keine Lebensmittel, nur Nahrungsmittel (Lebensmittel halten gesund und jung, Nahrungsmittel sind Füllstoff!)

3. Menschen können locker 100 Jahre alt werden, wenn sie auf sich achten.

4. Die artgerechte Ernährung des Menschen ist roh und besteht größtenteils aus Wildpflanzen und selbstangebautem Gemüse!

5. Zähne faulen, weil keine Lebensmittel oder die falsche Nahrung gegessen wird. (Karies ist Mundfäule!)

6. Zahnpasta ist mit schädlichem Fluorid versetzt. Wenn Menschen artgerecht essen, brauchen sie keine Zähne putzen!

7. Deos und Parfüms übertünchen den natürlichen Geruch von Menschen, wodurch sich Paare finden, die nicht füreinander bestimmt sind. (Man sollte „sich riechen" können!)

8. Kosmetik macht optisch kurzzeitig hübscher, aber verklebt die Haut und altert sie dadurch vorzeitig.

9. Nie wurde ein Virus nachgewiesen (es gibt keine Viren!).

10. Es gibt keine Krankheiten, nur Heilungskrisen des Körpers.

11. ALLE sogenannten "Krankheiten" sind heilbar! Durch artgerechte Ernährung und Bewegung!

12. Wildpflanzen und selbst angebautes Gemüse helfen dem Körper, Medikamente betäuben ihn.

13. Der eigene Körper hilft, ALLE Impfungen vergiften!

14. Die Erde ist keine Kugel! Sie ist FLACH!

15. Wir sind nicht zufällig "hier".

16. Es gibt keinen Zufall. Zufall bedeutet, daß zufällt, was fällig ist.

17. Menschen waren nie auf dem Mond! (Wir verhalten uns nicht wie Lebewesen, die auf dem Mond waren!)

18. Atomare Strahlung funktioniert anders, als uns erzählt wird!

19. Es gibt keine "Atombombe" (nur Bomben!).

20. Fernsehen hält Menschen beschäftigt und dumm (UNTER-haltung!)

21. Politiker werden von Konzernen kontrolliert.

22. Konzerne und das Fernsehen werden von sehr wenigen "Wesen" kontrolliert.
https://t.me/c/1476600874/43166

23. Fernsehen ist Propaganda und UNTERhaltung! (=Menschen unten halten).

24. Nachrichten sind da, um sich danach zu richten. (Korrekt wäre: "Neuigkeiten")

25. Nachrichten sind dazu da, um Menschen zu ängstigen. Wer Angst hat, kann nicht denken und seine Macht ist beschränkt!

26. JEDES Rechtssystem ist ein Sklavensystem, um Menschen zu unterdrücken! (Du bist ein Mensch, keine Person!)

27. JEDE Religion unterdrückt Menschen! (Der Sinn deines Lebens liegt in DIR, nicht im Außen!)

28. Unser Kalender ist manipuliert!

29. Es gibt keine Zeit!

30. Jedes Wort, jeder Satz ist ein Zauberspruch, der die Welt ändert! Achte auf deine Sprache!

31. Wahrheit macht frei!

32. Durch Fehler lernen Menschen am besten und am meisten!

33. Das Licht ist ein Lebewesen. Lebewesen sind Licht!

34. Liebe erschafft, Angst zerstört.

35. Liebe ist die stärkste Kraft, die es gibt.

36. Eine liebende Mutter, die ihren Nachwuchs beschützt, ist unaufhaltsam!

37. Wir werden nicht geboren, wir kommen auf die Erde nieder (Niederkunft; nur Personen werden geboren!)

38. Es gibt ein Leben nach dem Tod!

39. Es gibt sogar ein Leben vor der Niederkunft!

40. Wir sind göttliches, ewiges, vollkommenes geliebtes Bewußtsein, das temporär als Mensch auf die Erde inkarniert ist, um zu lernen, wie es ist, nicht vollkommen zu sein, damit wir unsere eigene Vollkommenheit begreifen können (Prinzip der Dualität).

41. Wir lernen durch Erkenntnis oder durch Schmerz, aber gelernt wird immer!

42. "Gott" ist bedingungslose Urliebe.

Freies Preußen Gemeinnütziger Verein -Leben / Kultu Die universale Schöpfungsordnung

Das Freie Preußen ist eine Chance auf Erneuerung. Es ist für Uns eine Mög- lichkeit, schon jetzt im Kleinen zu zeigen, wie die Gemeinschaft der Zukunft organisiert sein wird. Die Verfassung des Freien Preußen ist Garant dafür, daß der Staat so wenig wie möglich und nur so viel wie nötig zu spüren ist. Freies Preußen ist dabei lediglich ein Werkzeug zur Organisation und Finanzierung des Gemeinwesens. Wir möchten damit auch aufzeigen, wie umfassende Veränderungen der menschlichen Gemeinschaft bewirkt werden können, ohne daß jemand etwas dabei verliert.

Wir möchten zeigen, wie bedingungslose Liebe arbeitet, möchten einen Weg anbieten ohne Uns aufzudrängen, möchten vorleben was Angstfreiheit und Vertrauen schafft, was eine konsequent dienende Haltung und Hingabe erreicht ohne mit dem Ego etwas erreichen zu wollen.„Freies Preußen" ist ein Spielfeld, in dem jeder Mensch in seine Kraft kommen und seine Aufgabe finden kann. Er wird von selbstverantwort- lichen Menschen ausgestaltet, die echtes Interesse an anderen Menschen und ihrer Persönlichkeitsentfaltung haben. Die Gestalter Unseres neuen Staates sollten sich als Diener am Anderen begreifen und die Erkenntnis leben kön- nen, daß der Andere Spiegel des eigenen Lebensausdrucks und Chance zur eigenen Selbst-Entwicklung ist. Es geht im Freien Preußen in erster Linie immer um den Menschen.Dabei ist Freies Preußen ein Werkzeug zur Organisation und Finanzierung des Gemeinwesens und kein Herrschaftsinstrument.

Er soll das Glück des Indivi- duums fördern. Dauerhaftes Glück zu ermöglichen bedeutet aber nicht „eine Hängematte aufspannen". Es bedeutet, ein Entwicklungsspielfeld aufzubauen, welches sich an den Schöpfungsgesetzen ausrichtet und diese widerspiegelt. Dies bedeutet für Uns, die beständige Weiterentwicklung des Menschen und der Menschheit zu begünstigen. Das Leben ist Veränderung und das hat für Uns Beständigkeit,, die Verfassung zu schützen, Korruption zu verunmöglichen und den Das Staatsoberhaupt hat die Aufgabe, die Freiheitsrechte des Einzelnen zu ga- rantieren und völkerrechtlich zu vertreten. Zudem kann das Oberhaupt jede Rechts-verletzung eines Organs Freies Preußen aufheben und den rechtmäßigen Zustand wieder herstellen. Das Oberhaupt ist Garant der Rechtsordnung.

(Verfassungsgebende Versammlung)

„Eine...verfassunggebende Versammlung hat einen höheren Rang als die auf Grund der erlassenen Verfassung gewählte Volksvertretung mit dem GG.

Sie ist im Besitz des ‚pouvoir constituant‘. Mit dieser besonderen Stellung ist unverträglich, daß ihr von außen Beschränkungen auferlegt werden. [...]

Ihre Unabhängigkeit bei der Erfüllung dieses Auftrages besteht nicht nur hinsichtlich der Entscheidung über den Inhalt der künftigen Verfassung, sondern auch hinsichtlich des Verfahrens, in dem die Verfassung erarbeitet wird.“

„Jetzt wieder Gesetzlich zum Mensch werden„

(Einbürgerung„Staatsangehörigkeit nach (StAG).
1913.....Einbürgerung nach Art. 116 Abs. 2 GG....Sie wird durch Art 16 GG besonders geschützt.)
„Ein deutscher Personalausweis /Reisepass ist kein Beweis der deutschen Staatsangehörigkeit.„

„Deutschland hat noch nicht einmal eine Verfassung, das steht sogar im Grundgesetz (Art. 146 GG)."

„Eine Bundesrepublik Deutschland kann es allein deswegen nicht geben, da eine entsprechende Staatsangehörigkeit nicht geregelt ist – vielmehr wird dazu das Reichs- und Staatsangehörigkeitsgesetz [RuStAG] „Heute nur noch [StAG] von 1913 herangezogen."

Mein Ahnen- Geschlecht wird am 21. Februar 1284 mit *miles* (Ritter) *Wedego de Bucgenhaghen* erstmals urkundlich erwähnt.

FSC
www.fsc.org
MIX
Papier aus verantwortungsvollen Quellen
Paper from responsible sources
FSC® C105338

Herstellung und Verlag:
BoD – Books on Demand, Norderstedt
ISBN: 9783756813162